I0153745

COLONIES FRANÇAISES

ET PAYS

DE

PROTECTORAT

A l'Exposition Universelle de 1889

Guide publié par la Société des Études Coloniales et Maritimes

Illustré par Pierre VIGNA

PARIS

LIBRAIRIE LÉOPOLD CERF

13, RUE DE MÉDICIS, 13

Tous droits réservés

8493

L 9 K
816

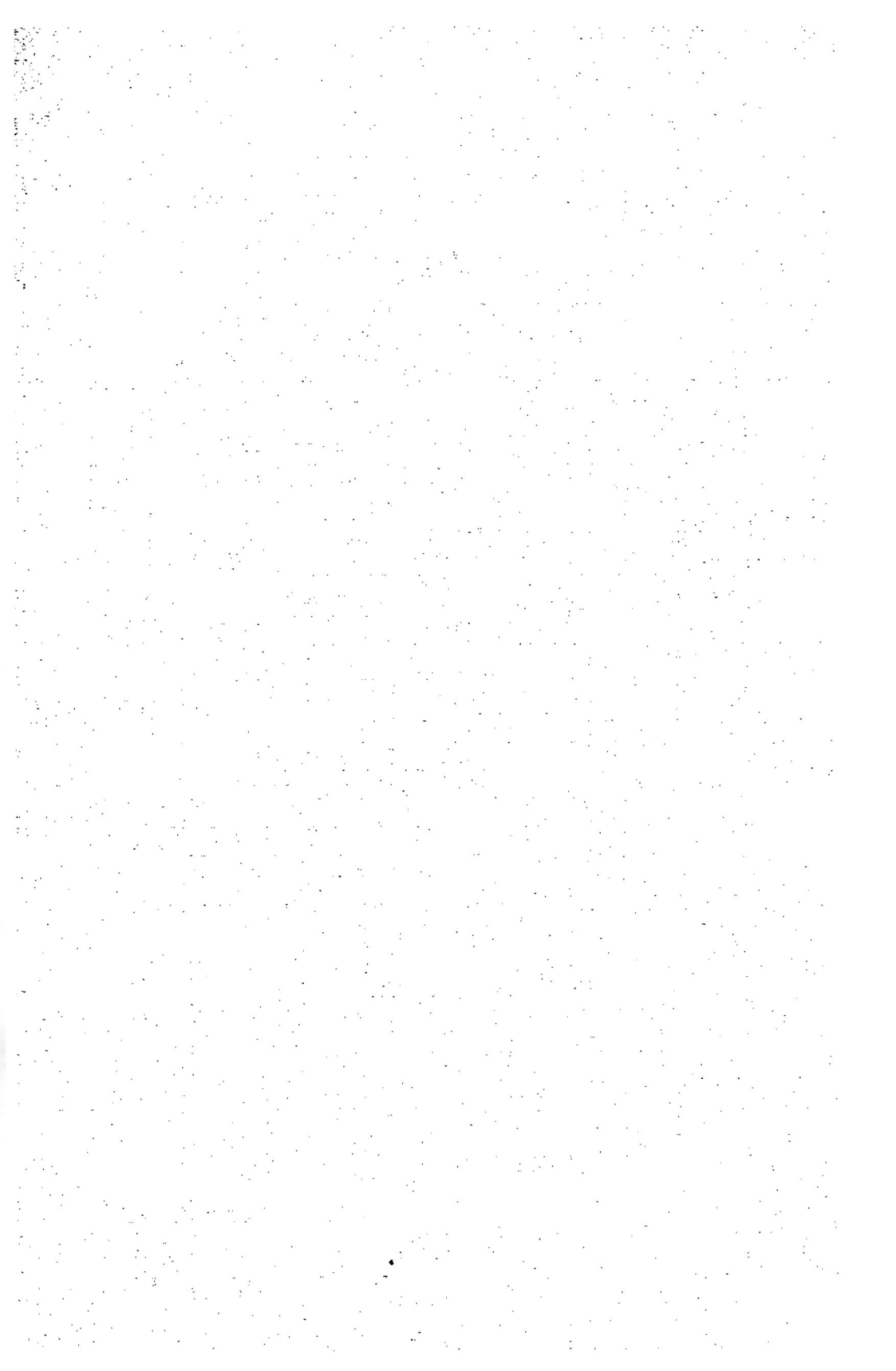

COLONIES FRANÇAISES

ET

PAYS DE PROTECTORAT

A L'EXPOSITION UNIVERSELLE DE 1889

Lk9
816

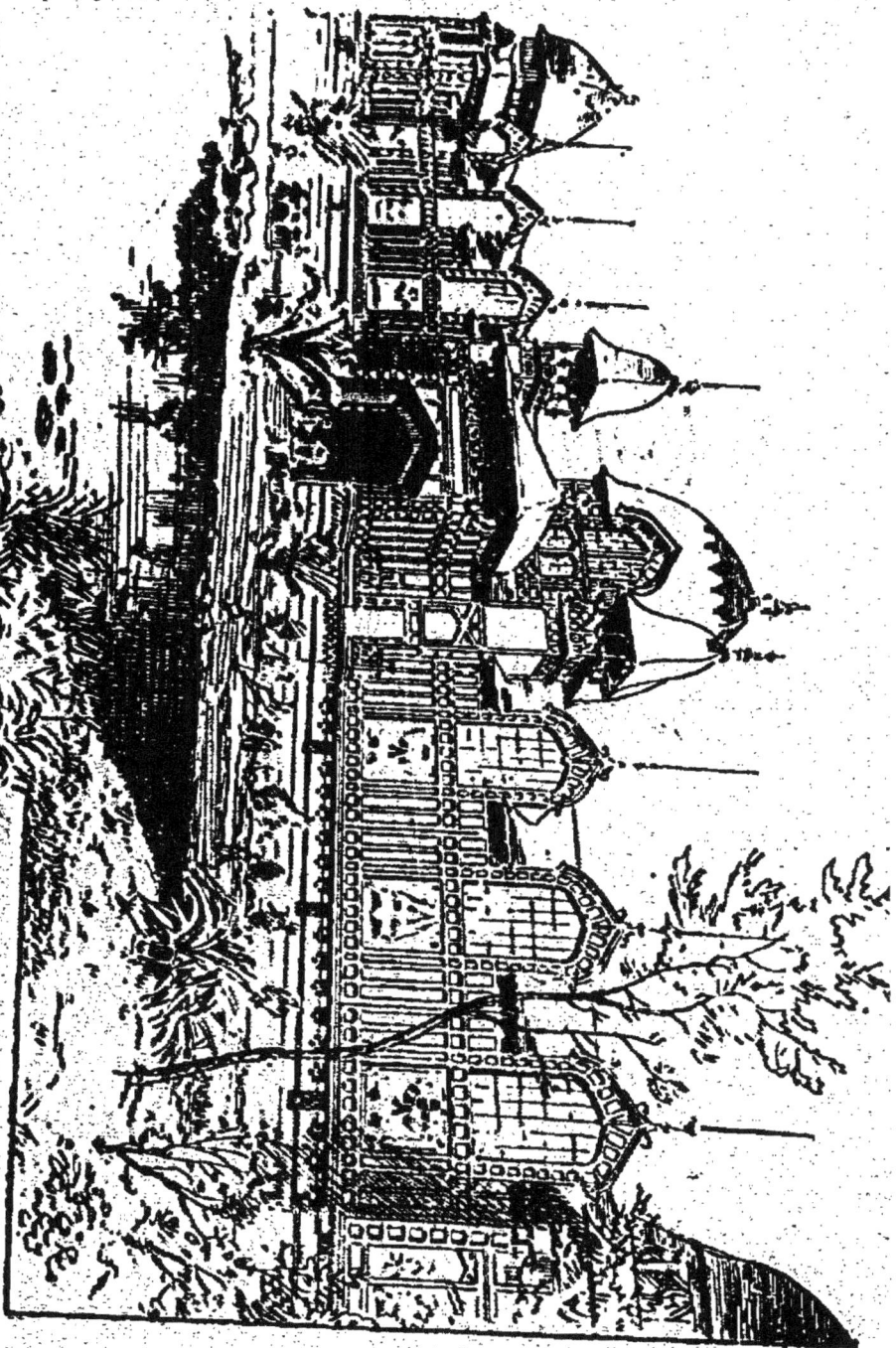

COLONIES FRANÇAISES

ET

PAYS DE PROTECTORAT

A L'EXPOSITION UNIVERSELLE DE 1889

GUIDE

PUBLIÉ

PAR LA SOCIÉTÉ DES ÉTUDES COLONIALES ET MARITIMES

ILLUSTRATIONS DE PIERRE VIGNAL

PARIS

LIBRAIRIE LÉOPOLD CERF

13, RUE DE MÉDICIS, 13

Tous droits réservés

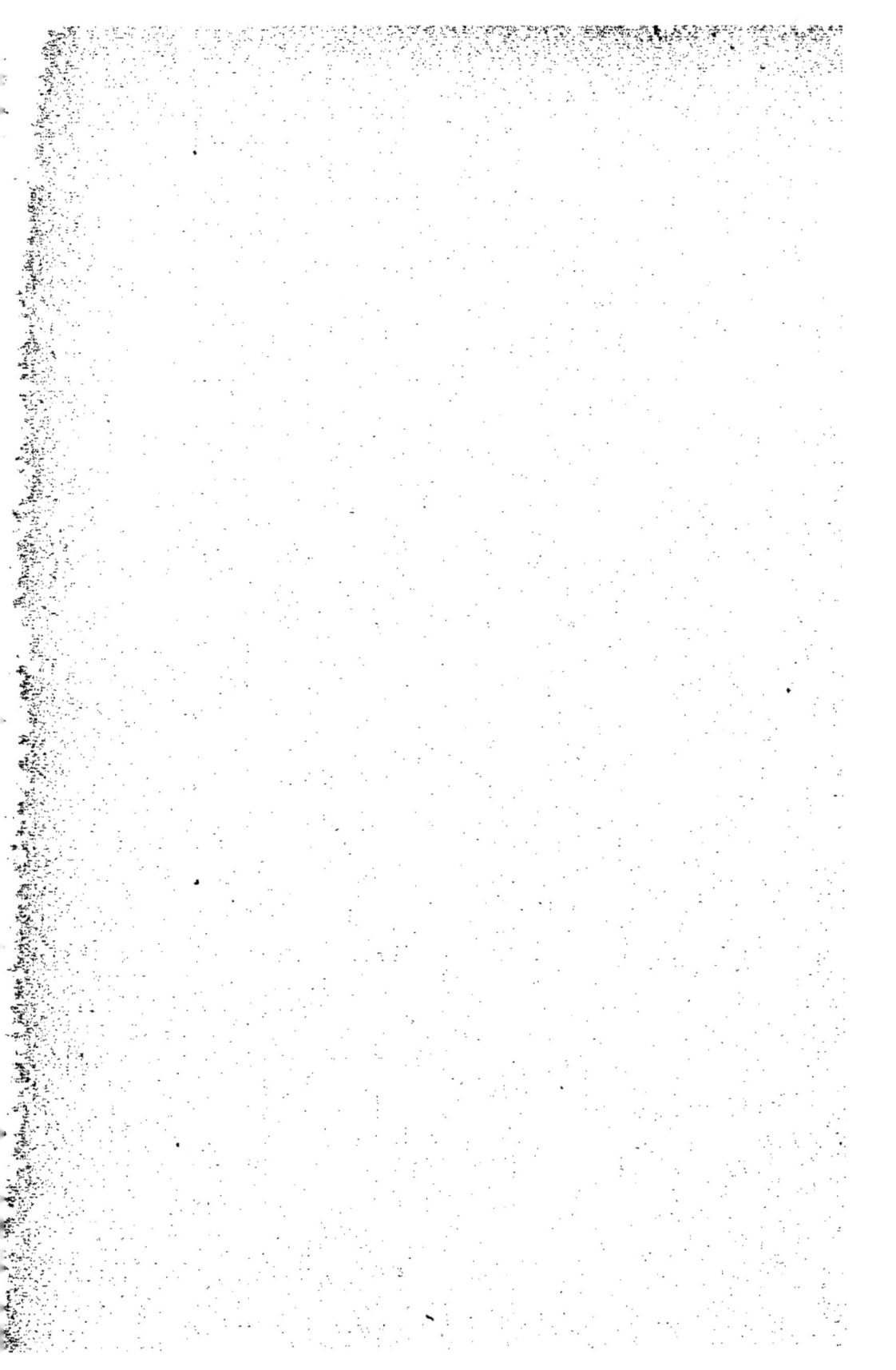

PRÉFACE

AU GUIDE DE L'EXPOSITION COLONIALE

L'une des parties les plus visitées, les plus animées, les plus admirées de l'Exposition de 1889, c'est celle qui est consacrée aux colonies françaises.

Ce n'est pas seulement les yeux qui se réjouissent à l'aspect de ces installations variées et pittoresques, de ces indigènes aux types divers et aux vêtements bariolés, de ces produits surtout, si nombreux, si plantureux, si différents des nôtres et les complétant.

Le cœur et l'esprit éprouvent une satisfaction plus haute. On se dit que notre France fait encore figure dans le monde, qu'elle n'est pas bornée aux 528,000 kilomètres carrés de son territoire européen, qu'elle peut retirer non seulement de l'honneur, mais des profits, de l'intelligente et équitable exploitation des vastes espaces sur lesquels flotte son drapeau.

La colonisation a été l'objet de beaucoup de malentendus et de méprises. En France, on n'a pas su toujours l'organiser et la conduire avec la prudence, la prévoyance et la persévérance que demande une œuvre aussi complexe et d'aussi longue haleine.

Les fautes nombreuses commises, depuis quelques années surtout, dans les entreprises coloniales de la

France, ont fait penser à quelques esprits que la colonisation est ou inutile ou dangereuse.

S'il en était ainsi, verrait-on les nations les plus pratiques et les plus habiles du globe, les Anglais, les Hollandais, les Russes, aujourd'hui les Allemands, les Italiens, même les Belges, s'efforcer de créer des colonies, et se livrer, les Allemands et les Italiens surtout, à de grands efforts pour mettre en valeur des territoires qui sont sensiblement inférieurs à ceux que la France occupe?

Non, la colonisation en elle-même est bonne ; c'est une œuvre civilisatrice qui profite à la fois au peuple colonisateur et au peuple colonisé.

Mais la colonisation est un art qui comporte certaines règles dont l'on ne peut, sans péril, s'écarter.

Les avantages de la colonisation sont les uns directs, les autres indirects.

Voici les premiers. Un vieux peuple civilisé, armé de machines puissantes, pourvu d'épargnes nombreuses, abondant en hommes instruits, ingénieurs, commerçants, contre-maîtres, ouvriers habiles, peut difficilement se passer de débouchés extérieurs.

Il a besoin de marché pour l'excédent de sa production, soit de certaines denrées agricoles, soit d'articles manufacturés. Ce marché, il ne peut guère le trouver que dans des pays ayant un autre climat ou un autre sol. L'échange ne vit que de différences.

Or, les colonies offrent le débouché le plus sûr aux marchandises de la mère-patrie. Les goûts de la population coloniale se modèlent en partie sur ceux de la métropole. La législation est à peu près la même dans l'une et l'autre contrée. Les articles métropolitains n'ont pas à craindre de se voir arrêtés soudain par des droits de douane prohibitifs.

Dans un pays étranger, les conditions sont bien plus défavorables. Les goûts n'ont plus la même similitude; les lois sont autres et quelquefois hostiles; puis fréquemment, les gouvernements et les parlements établissent des tarifs douaniers qui rendent impossible l'accès des marchandises étrangères.

Ainsi, le marché colonial est toujours plus largement ouvert, plus sûr, plus fixe pour la métropole que le marché étranger.

Les colonies offrent ensuite un champ d'emploi aux capitaux surabondants ou aventureux de la métropole. Dans les vieux pays d'Europe, l'épargne est devenue énorme et ne sait trop où s'employer. Une grande partie se déverse dans les pays étrangers.

Mais ces capitaux, ainsi employés à l'étranger, parfois courent de grands risques et il peut arriver que, en fortifiant un ennemi actuel ou futur, ils nuisent à la nation dont ils émanent.

Les pays étrangers qui reçoivent nos capitaux deviennent souvent ingrats. Quand ils ont constitué avec nos fonds un réseau de chemins de fer, n'en a-t-on pas vu qui ont chassé nos conseils d'administration, qui se sont emparés des lignes, et qui, directement ou indirectement, ont ruiné les pauvres capitalistes ayant eu confiance en eux? La législation étrangère est différente de la nôtre; nos nationaux n'ont guère de moyens de se défendre devant elle; ils trouvent parfois des tribunaux, sinon hostiles, du moins prévenus.

De même pour les gouvernements étrangers; il en est plus d'un qui a renié sa dette ou réduit sa rente, sans tenir aucun compte des droits du prêteur.

Dans une colonie, ces dangers d'éviction judiciaire ou légale n'existent pas. Les affaires peuvent être bonnes ou mauvaises ; mais, au moins, le colon ou le métropolitain est assuré que la loi ne le dépouillera pas, que les tribunaux le jugeront avec impartialité. De ce chef, les capitaux surabondants qu'exporte une vieille nation sont assujettis à moins de risques dans ses propres colonies que dans les pays étrangers.

Les colonies ouvrent encore des débouchés à la partie de la population métropolitaine qui, soit par nécessité, soit par goût, quitte le territoire natal.

On disait autrefois que la France n'avait pas d'émigration. Elle en a toujours eu un mince filet qui, bien dirigé sur une terre française et propice, eût suffi à former une colonie prospère.

Depuis que la crise agricole s'est abattue sur notre pays, ce filet d'émigration a singulièrement grossi ; il a pris des proportions importantes et inquiétantes. On a vu ainsi, dans une seule année, une quinzaine de mille Français prendre la route de l'Amérique du Sud.

Des colonies bien conduites, bien administrées, pourraient attirer, sinon la totalité, du moins une partie de cette émigration. Elle ne serait pas ainsi perdue pour la France ; elle resterait française, quoique expatriée ; elle ferait souche indéfinie de Français ; elle garderait et la langue et les mœurs et les goûts de la patrie. Elle travaillerait pour nos producteurs métropolitains, comme nos producteurs métropolitains travailleraient pour elle.

En dehors de cette émigration populaire, il y a chez tout vieux peuple, même à population stationnaire, un besoin d'émigration d'un genre particulier. Notre instruction générale, nos écoles spéciales, écoles de commerce, école centrale, écoles d'arts-etmétiers, lancent chaque année dans la vie des milliers de jeunes gens qui ne peuvent tous trouver, sur notre sol étroit un emploi rémunérateur.

Ainsi, dépourvue de débouchés exotiques, l'instruction technique très développée devient un leurre et une torture.

Tous ces jeunes gens iront-ils dans les pays étrangers ? Mais beaucoup de pays étrangers se ferment aujourd'hui systématiquement aux ingénieurs ou aux contre-maîtres d'autre nationalité.

Une colonie, au contraire, offre un champ fructueux à toute cette élite de la petite classe moyenne et des artisans. Dans une colonie, c'est en général à des jeunes gens de la métropole que sont confiées toutes ces places d'employé de commerce ou de banque, de directeur ou de conducteur de travaux, de contre-maîtres d'usine ; chez un peuple qui a des colonies, la petite classe moyenne et l'élite des artisans ont beaucoup moins de peine à trouver des emplois pour leurs enfants.

Ceux-ci reviennent ensuite dans le pays d'origine après quinze, vingt ou vingt-cinq ans de séjour ; ils rapportent chez eux une aisance acquise, une expérience du vaste monde ; ils exercent autour d'eux une action vivifiante.

De là une conséquence indirecte heureuse d'une colonisation bien conduite : l'horizon intellectuel des habitants de la mère-patrie en est élargi ; leurs idées s'étendent ; les familles gagnent en sécurité d'esprit pour le placement et le succès de leurs enfants ; elles craignent moins d'être prolifiques.

Voilà ce que peut faire la colonisation quand on s'entend à la bien conduire.

Une colonie est pour les marchandises, pour les

capitaux et pour les enfants de la mère-patrie une terre plus hospitalière qu'un pays étranger.

Mais il y a un art de coloniser, et cet art, quel est-il ? Les applications en sont nombreuses et détaillées, mais les préceptes peuvent se réduire à quelques maximes.

La colonisation doit avoir en vue la paix et non la guerre. Il faut éviter ce que l'on appelle les colonies militaires. On doit bien traiter les indigènes, procéder envers eux avec équité, ne froisser ni leurs lois ni leurs usages, même quand ils nous paraissent déraisonnables, maintenir autant que possible en place leurs chefs, leur donner une part équitable dans l'administration, châtier tout pillage, toute exaction, toute hauteur et toute insolence du fonctionnaire métropolitain. A ce prix on a des colonies paisibles.

Il faut instituer une armée coloniale distincte de l'armée métropolitaine, afin de ne pas affaiblir celle-ci, et de ne jamais employer, contre son gré, un jeune homme de la mère-patrie à servir au loin dans un climat parfois dangereux.

L'armée coloniale doit se recruter soit parmi les indigènes amis, soit par voie d'engagement avec prime parmi les Européens. Ainsi comprise, l'armée coloniale ouvre une carrière aux esprits aventureux de la métropole. Elle est, en outre, composée d'éléments plus résistants, et l'expérience prouve qu'elle coûte moins cher.

Dans une colonie, les fonctionnaires doivent être aussi peu nombreux que possible. Il faut les maintenir, quand le climat le permet, longtemps à leur poste, avec un avancement régional. On doit les préparer par des écoles et par des cours, les recruter après des examens, n'y admettre ni les députés, ni les sénateurs, ni ceux qui font de la politique une carrière. La première mesure réduit les faux frais, en diminuant les allées et venues d'un bout du globe à l'autre ; la seconde assure la compétence.

La colonisation exige beaucoup d'esprit de suite. Le service qui en est chargé dans la métropole ne saurait avoir trop de permanence. Il faut en bannir l'élément remuant qui est représenté par les politiciens tirés des Chambres. Les changements fréquents de système sont encore plus pernicieux qu'un système imparfait.

Les colonies doivent, sous la direction générale de la mère-patrie, jouir d'une certaine décentralisation. L'Administration métropolitaine ne saurait tout prévoir ni tout régler par des mesures uniformes s'appliquant aux pays et aux climats les plus divers. C'est une folie que d'assujettir aux mêmes règles Saint-Pierre et Miquelon et la Nouvelle-Calédonie.

Pour ses dépenses propres, une colonie doit arriver, au bout de peu de temps, à se suffire à elle-même. Les subsides métropolitains sont, en général, gaspillés. Si la Métropole sait réduire le nombre des places, qu'elle ne cherche pas à récompenser des favoris, si elle évite les œuvres d'ostentation, qu'elle donne de la sécurité à l'initiative privée et aux associations libres, la colonisation cesse d'être une œuvre onéreuse.

Cette colonisation que nous venons de décrire n'est malheureusement pas celle qu'on a faite en France depuis vingt ans. On a voulu batailler à outrance, changer sans cesse les chefs civils et les chefs militaires, modifier à chaque instant les cadres administratifs et les lois. On a fait des fonctions co loniales des dotations pour les députés remuants. On a déconcerté les indigènes par des mesures incohérentes, par une instabilité qui est odieuse tant aux peuples orientaux qu'aux peuples primitifs. On a fait, sciemment ou non, des colonies militaires et de fonctionnaires.

La méthode était mauvaise. Il est temps d'y renoncer.

Si la France veut faire de la colonisation pacifique, sans ostentation, avec équité et esprit de suite, elle possède sur le globe de forts beaux territoires. Elle pourra en tirer parti pour elle, pour ses colons et pour les indigènes. Comme la plupart des nations du vieux monde, les Anglais, les Russes, les Hollandais, les Belges, les Allemands, les Italiens, les Espagnols, les Portugais, nous avons une tâche colonisatrice à remplir. La nôtre est, par la situation de nos territoires et par la nature de leurs populations, plus aisée que celle de beaucoup de nos rivaux.

Pénétrons-nous de cette idée que, au point surtout où nous en sommes, la colonisation doit être une œuvre de paix et de persévérance.

Paul LEROY-BEAULIEU.

COLONIES FRANÇAISES

ET PAYS DE PROTECTORAT

A L'EXPOSITION UNIVERSELLE DE 1889

L'ALGÉRIE

Nous ne sommes plus au temps où le député Desjobert, de légendaire mémoire, déclarait à chaque scrutin qu'il votait, en outre, pour que l'on abandonnât l'Afrique. A ceux qui ont proclamé impossible la colonisation de l'Algérie; à ceux qui, comme M. de Gasté, ont, tout récemment encore, évoqué le spectre de l'illusion coloniale, l'Algérie a répondu en envoyant ses produits à l'Exposition, en affirmant sa vitalité, et donnant ainsi un démenti formel à ses détracteurs *toujours et quand même.*

On sait maintenant que la France d'Afrique est une grande et belle colonie dont le climat est incomparable, et que la nature a doué des ressources les plus merveilleuses. On sait que la France a complètement transformé ce pays, où l'on voyage en chemin de fer, où se trouvent des villes populeuses et florissantes et où règne la sécurité la plus complète. Mais c'est là tout ce qu'on sait, vaguement, sur la plus importante de nos colonies, qui se trouve en même temps la mieux située,

1

puisqu'elle n'est guère qu'à quarante-deux heures de

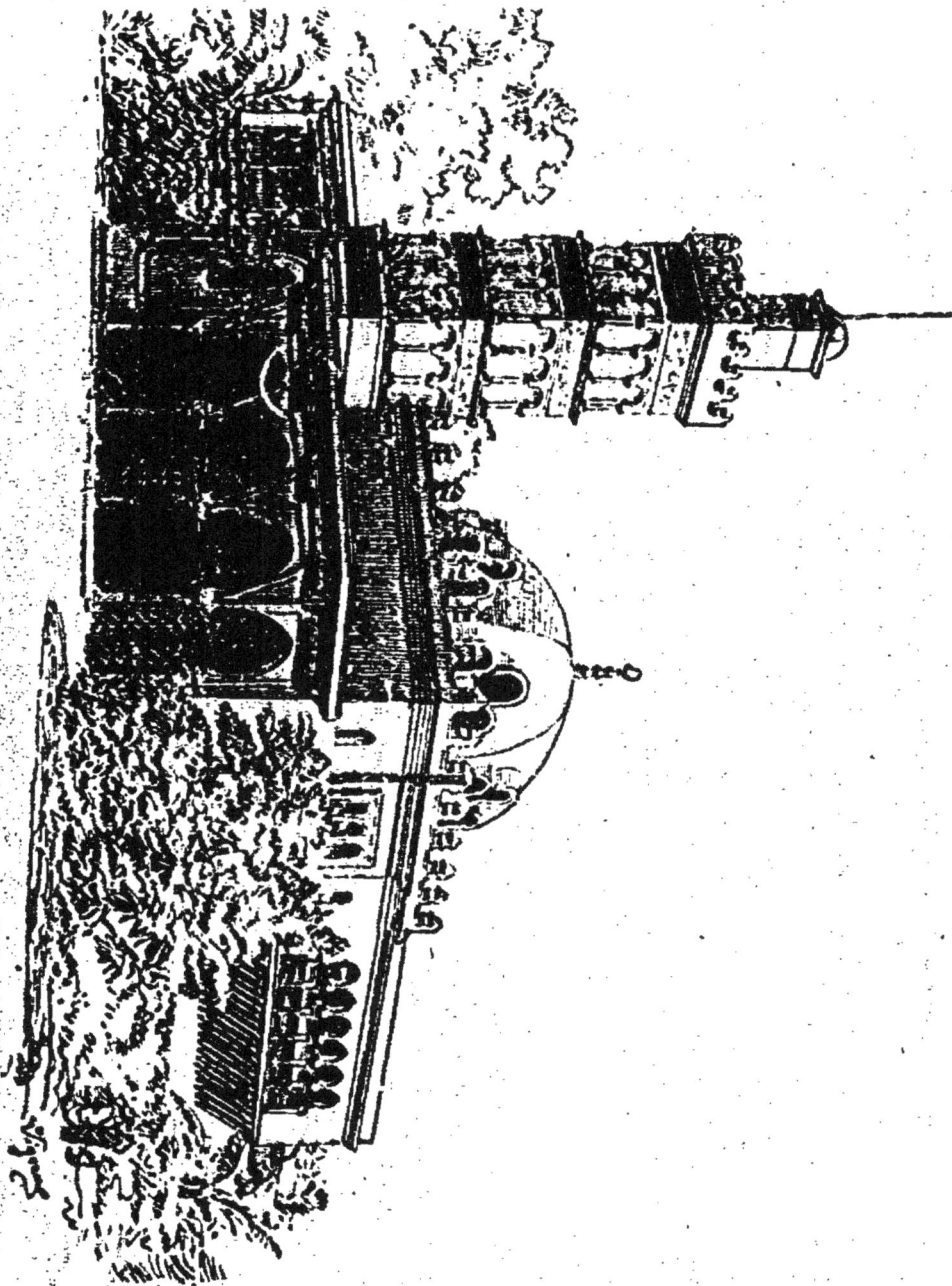

Paris, de l'autre côté de la Méditerranée. C'est là tout
ce qu'on en sait, parce qu'en France l'ignorance, igno-

rance, hélas! trop souvent exploitée par la passion politique, est la pierre d'achoppement à laquelle se heurtent
infailliblement tous ceux qui ont des idées pratiques en
matière coloniale, ceux qui professent avec raison que
non seulement les colonies offrent le placement immédiat d'un excès de population et des débouchés immé-
diats pour un excès de production industrielle, mais
aussi qu'elles créent des ressources nouvelles pour la
métropole et que leur exploitation a des conséquences,
réflexes en quelque sorte, et sur sa richesse et sur sa
nativité.

L'Exposition algérienne de 1889 aidera bien certainement à combattre cette tendance que Paul Bert
qualifiait d'*esprit d'extériorisation*, tendance qui consiste à se désintéresser de toutes les questions coloniales.

Il n'y a pas soixante ans que la France a pris Alger; il n'y en a pas quarante que l'on s'occupe sérieusement de colonisation en Algérie! Qu'on aille dire
qu'un peuple qui a obtenu de pareils résultats en
moins d'un demi-siècle, n'est pas un peuple colonisateur!

Il est vrai que cette terre est bien par excellence la
terre aux incalculables richesses agricoles et industrielles. Ces richesses, on les exploite d'une façon toujours croissante, mais ce que nous appellerons le *sum-
mum* de l'intensité d'exploitation est loin d'être atteint,
et il est encore bien vaste, le champ ouvert à l'activité
nationale! Si déjà cette colonie fournit à la métropole
plus du dixième de ses importations totales, elle lui
offre aussi un débouché considérable, puisque la
moyenne des importations françaises en Algérie atteint
le chiffre de 100 millions. « Ce mouvement dont les
» deux termes ont entre eux une corrélation étroite,
» peut et doit doubler rapidement; car les visiteurs
» du Palais algérien s'en peuvent assurer, *il y a de tout
» en Algérie;* la France a là, sous la main, d'inépui-
» sables réserves qui lui font entre toutes les nations
» une situation unique. Ces réserves, il ne s'agit que de
» *vouloir* les utiliser. »

Il est patriotique d'acheter à l'Algérie tous les produits qu'elle peut fournir : on augmentera ainsi le débouché qu'elle offre à nos objets manufacturés. Vins,

bestiaux, céréales incomparables, huiles, textiles, fruits, légumes, essences, liqueurs, conserves de poissons, semoules et pâtes alimentaires, bois, marbres, minerais inépuisables et d'une richesse exceptionnelle, voilà ce que l'Algérie offre à profusion. Et du jour où les producteurs seront assurés de l'écoulement facile de leurs produits en France, du jour où les capitaux, moins craintifs, émi-

greront de l'autre côté de la Méditerranée, ce jour-là la

production augmentera, les méthodes d'exploitation

se perfectionneront et conséquemment le prix de revient s'abaissera, tout en élargissant le champ ouvert aux travailleurs, aux marchandises, aux outils et aux capitaux de la mère-patrie.

Nous n'avons pas à nous occuper ici de la géographie de l'Algérie, non plus que des indigènes, de leurs races et de leurs mœurs. Ce sont là sujets qui ont été traités de main de maître par des écrivains dont nous n'aurions qu'à rééditer les dires sans avoir leur autorité. Mais nous ne pouvons qu'applaudir à l'idée qu'ont eue les organisateurs de l'Exposition algérienne d'importer des indigènes avec leurs tentes, leurs gourbis, leurs industries, leurs jeux et jusqu'à leur musique. Ce n'est pas un des moindres attraits de la section algérienne.

Nous n'essaierons pas d'en faire ressortir le côté pittoresque : jetons seulement un coup d'œil sur quelques-unes des attractions offertes aux visiteurs.

Le Palais algérien lui-même est un spécimen fort réussi de l'art mauresque, si original et si élégant, de cet art qui tend de plus en plus à se répandre, à s'acclimater en quelque sorte chez nous : n'en a-t-on pas la preuve à l'Exposition même, dans les détails d'ornementation générale de presque tous les palais du Champ-de-Mars ? La disposition intérieure du Palais algérien est à la fois remarquablement artistique et fort bien comprise.

La tente arabe, formée de bandes de *flidj*, tissu absolument imperméable en laine et poil de chameau, sous laquelle s'abrite une famille, où derrière une tenture les femmes font la galette d'orge, préparent le couscous ou manœuvrent le métier primitif pour tisser l'étoffe des burnous et des haïcks, la tente devant laquelle sont accrochées les selles et les brides des chevaux, montre bien le caractère éminemment nomade de cette race, qui plie bagage et va plus loin lorsque ses troupeaux ont épuisé les pâturages des alentours.

Contrairement à l'Arabe dont il est d'ailleurs aisément reconnaissable à la différence du type, le Kabyle, sédentaire, s'abrite sous une maison. La construction en est sommaire: quelques pierres liées par un torchis

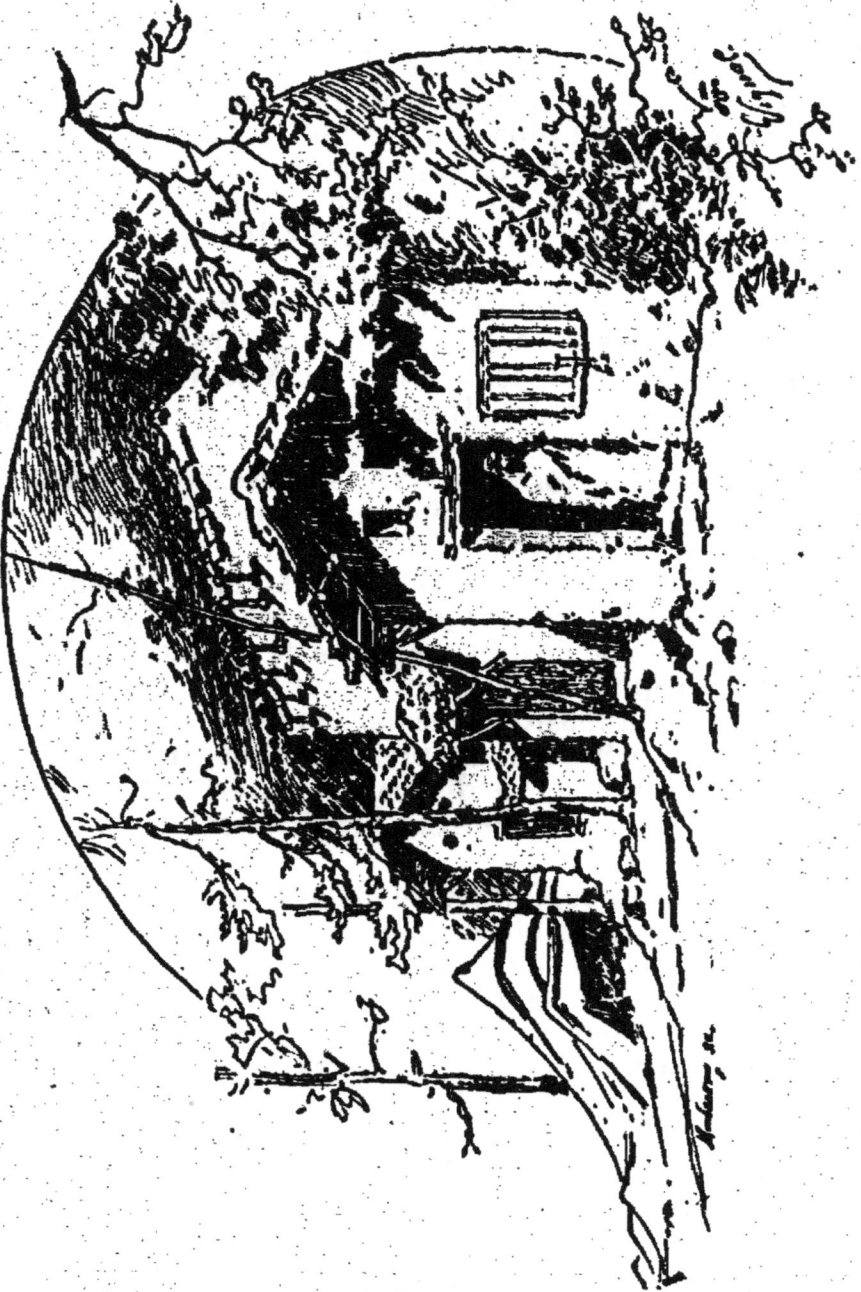

blanchi à la chaux ; une couverture rudimentaire en
tuiles primitives ; cependant, on voit poindre un sem-

blant d'idée artistique car la porte est ornée de quelques sculptures. Pénétrons à l'intérieur de ce logis où *grouille......* comme au pays... une multitude d'enfants à l'œil vif et aussi turbulents que malpropres, dont la vivacité contraste avec le flegme toujours digne des hommes : nous y voyons un forgeron-armurier fabriquant, non sans une grande habileté, ces fusils et ces poignards kabyles si connus, ou bien incrustant dans le fer, à chaud, des fils ou des lamelles d'argent qu'il écroult ensuite au marteau ; un orfèvre, torturant le métal et y fixant ces perles bleues et rouges qui sont la caractéristique de l'art kabyle. Dans une autre pièce de cette même maison, on vend ces poteries bien connues, rappelant d'assez loin comme coloris le genre étrusque et des ouvrages en bois sculpté, sièges, étagères, notamment ces pupitres à corau, tirés, y compris la charnière, d'une même pièce de bois.

Sous un hangar des plus primitifs, un menuisier sculpte des fourreaux de poignards et façonne un de ces bois de fusil, longs de près de 2 mètres, armes primitives il est vrai, mais néanmoins redoutables dans les mains d'hommes d'une bravoure et d'une intrépidité incontestables.

Plus loin, une tente abrite une famille venue de Tébessa, composée de deux hommes, trois femmes, deux enfants et un mouton ; il n'y manque que la meute de chiens, de ces chiens arabes efflanqués bien connus des touristes, dont ils signalent l'approche par des hurlements accompagnés d'une exhibition de mâchoires peu redoutables d'ailleurs, ces animaux éminemment lâches cédant la place à la moindre menace. Assis au seuil de la tente — soit dit en passant sur une chaise de *La Ménagère !* — le maître, silencieux, égrènent un chapelet, laisse entrer les femmes qui, bravant courageusement la vermine, veulent visiter son *intérieur ;* mais il repousse impitoyablement les hommes qui ne doivent même pas entrevoir ses femmes : coût ; *zouch soldi,* deux sous ; car le brave homme a toujours la main tendue, plein de dignité sous ses haillons et méprisant bien certainement *in petto* le *roumi* le chré-

tien qui se laisse rançonner de la sorte. Le métier doit
d'ailleurs être lucratif...

Passons devant l'écurie arabe où sont entravées des
juments, fort belles en vérité, suitées de leurs poulains
et gardées par des spahis, pour arriver au café Maure
où un juif d'Alger donne, pardon !... vend à boire, tout
en faisant chanter et danser. Dans un bâtiment spécial, assez réussi du reste, une salle spacieuse, dé-
corée avec goût de lanternes et autres bibelots plus ou
moins arabes ; une estrade, au fond de laquelle râclent
quelques musiciens (?) juifs — c'est le violon qui est
mobile et l'archet fixe, — sur cette estrade des almées
juives ou mauresques, des négresses et des Ouled-
Naïls. A droite de l'estrade, à terre, un orchestre nègre,
tambourins divers et castagnettes assourdissantes en
fer ; à gauche, un orchestre spécial pour les Ouled-
Naïls. Alternativement, chacune de ces catégories de
danseuses, au son de son orchestre propre, exécute ses

pas caracteristiques, variantes de la danse ou plutôt de
la contorsion indécente du ventre, avec mouvements
d'écharpes de soie ou même de gaze pour les négresses. C'est à voir, mais à la condition de n'y pas
rester longtemps.

Les galeries ouvertes en bordure, sur l'allée centrale
de l'Esplanade méritent d'être visitées. On y voit un
orfèvre indigène exécutant avec talent de la bijouterie
et du damasquinage, des brodeurs sur peaux et sur
étoffes fort habiles, des ouvriers en babouches, enfin
un tissage arabe, sous la direction d'un Français bien
connu à Tlemcen, M. Mogue. Tout le monde a pu voir
les tentures et couvertures arabes aux couleurs vives,
aux laines multicolores ; M. Mogue en expose et en
vend. Mais c'est là ce qu'il appelle l'article courant. Il
a amené de Tlemcen des ouvriers de premier ordre, de
véritables artistes, aussi ne les emploie-t-il qu'à faire
de l'art sous les yeux du public. Ces métiers indigènes
à tisser sont de véritables *métiers dj marches*, établis
d'une façon tout à fait primitive avec des bambous et
des roseaux, absolument semblables d'ailleurs aux anciens métiers que l'on voit en France dans les villages
où l'on tisse encore à la main. Les opérations préliminaires, ourdissage, parage et montage de la chaîne
sont les mêmes que celles en usage chez nous, seulement, et ceci est capital, il n'y a pas de navette. Aussi
les ouvriers arabes font-ils à *la main* la répartition des
fils de trame, lesquels ne sont pas embobinés mais
bien coupés de longueur et réunis en poignées. Les
tisseurs, deux par métier, prennent ces fils un à un, les
fixent sur la chaîne de distance en distance, en comp-
tant les fils de chaîne de façon à former leurs dessins.
C'est un travail de longue haleine, qui mérite d'attirer
l'attention tant au point de vue de la fabrication par
elle-même que de la beauté du résultat obtenu.

Ce modeste tribut payé au pittoresque, occupons-
nous maintenant de l'Exposition proprement dite, en
la suivant groupe par groupe, et sans nous arrêter à
ce qui constitue l'industrie indigène proprement dite,
industrie dont les produits ne présentent qu'un simple
intérêt de curiosité, abordons les branches de l'exploi-

tation coloniale proprement dite, c'est-à-dire de l'exploitation du sol soit extractive soit agricole.

Mines. — L'Exposition du service des mines en fait foi, il n'y a pas de pays qui soit plus riche en gisements miniers que l'Algérie. On y trouve, souvent même à l'état d'affleurements, pour le fer : les oxydes magnétiques ; les hématites, soit brunes, soit rouges, les carbonates, d'une richesse et d'une qualité incomparables, et répandus à profusion dans les trois provinces, même sur le bord de la mer ; on trouve encore le cuivre (mines en exploitation dans les provinces d'Oran et de Constantine) ; le plomb, sous la forme de galène argentifère ; l'antimoine (oxydes et sulfures) ; le mercure (oxyde et cinabre) ; le zinc (calamine et blende).

Enfin, les trois départements ne comptent pas moins de 26 salines ou lacs salés ; le sel est d'ailleurs un élément de commerce important pour les Européens et les indigènes.

Les marbres et les onyx, connus et exploités dès l'antiquité la plus reculée, sont incomparables. Le *marmor numidicum*, si en faveur dans l'ancienne Rome, provenait d'Algérie ; ce sont les anciennes carrières romaines que l'on continue à exploiter et dont les gisements, remarquablement situés près de la mer, sont assez importants pour suffire aux besoins du monde entier. Le visiteur appréciera la richesse et la variété de ces marbres ; il admirera les échantillons d'onyx provenant du département d'Oran, notamment le motif en onyx ouvré exposé par la Société Pallu, onyx dont le prix est encore inférieur à celui des marbres les plus communs employés en Europe. De même les marbres et brèches de MM. Delmonte, d'Oran, dont les gisements occupent une superficie de plusieurs milliers d'hectares, présentent une diversité et une richesse fort remarquables.

Exploitations forestières. — Pour donner une idée de l'importance des forêts algériennes, on a justement fait remarquer qu'elles ont une étendue égale à la moitié de la superficie forestière de la France, soit *trois millions d'hectares.*

Le *liège* algérien jouit d'une réputation méritée d'élasticité et d'homogénéité. Son rendement atteindra un chiffre colossal lorsque les forêts de chênes-liège auront eu le temps d'être aménagées pour une production normale. Actuellement, on le travaille sur place à l'aide de machines-outils, et l'Algérie l'exporte à l'état de bouchonnerie ou de produits ouvrés. Et cependant, le commerce spécial français fait toujours une grosse partie de ses achats en Espagne et en Portugal... pourquoi ?

Les *écorces à tan* sont très estimées ; la production, fort considérable, s'exporte facilement en France et à l'étranger, en Angleterre et en Italie. Elle augmentera encore par les faits de l'acclimatation d'essences australiennes dont l'écorce est d'une richesse inouïe en tannin.

Le *chêne zéen* s'exploite pour la marine, les traverses des chemins de fer, la fabrication des futailles.

L'*Eucalyptus*, dont les propriétés fébrifuges et la croissance si rapide sont surprenantes, donne un bois qui commence à être fort employé, notamment pour les pilotis, les poteaux télégraphiques et la fabrication des wagons.

Comme bois d'ébénisterie, l'Algérie en produit des sortes nombreuses et variées. Les collections exposées dans les galeries, collections dont certaines, et notamment celles du Jardin d'Essai d'Alger, du service des forêts et du gouvernement général sont fort remarquables, en disent plus que nous ne saurions le faire sur l'avenir de cette production algérienne.

La question forestière a d'ailleurs, en Algérie, une importance capitale. De l'étendue des forêts et de leur conservation dépend le régime des eaux pluviales toujours insuffisantes en Algérie. Ignorant et imprévoyant, l'indigène après avoir détruit une partie des forêts, fait dévorer les taillis par ses troupeaux et ne respecte pas les plantations nouvelles. Les Espagnols de même, dans la province d'Oran, grâce à l'insouciance de l'administration, laissent ruiner par leurs chèvres jusqu'aux plantations officielles. Cet état de choses compromettrait rapidement le régime des eaux :

heureusement une *ligne du reboisement* s'est constituée il y a quelques années. Elle a créé des pépinières, encouragé les plantations sur les parties déclives des montagnes, et essaie l'acclimatation d'essences dont un grand nombre semble devoir parfaitement réussir.

La *faune* algérienne est d'une variété inouïe ; si les grands fauves ont presque totalement disparu devant la civilisation, le gibier comestible de toutes sortes y est fort abondant et laisse le champ ouvert à l'industrie des conserves alimentaires. L'*autruche*, constamment chassée par les Arabes, serait destinée à disparaître rapidement. Aussi, ne peut-on qu'applaudir aux entreprises d'élevage et de domestication de ces animaux faites par des propriétaires et surtout par le Jardin d'Essai du Hamma à Alger. Ce dernier a exposé des plumes et des dépouilles complètes vraiment remarquables. M. Rivière, le savant directeur de cet établissement, est parvenu, par une judicieuse sélection, à obtenir une race dont un seul couple adulte peut produire annuellement plus de 200 francs de plumes, ce qui est un prix très rémunérateur.

L'industrie du corail, jadis tout algérienne, puisque le corail se pêchait presque exclusivement près de La Calle où se trouvent des ouvriers spécialistes fort habiles, a souffert à la fois de l'inconstance de la mode et de la concurrence des coraux de Sicile. Les produits exposés n'en sont pas moins de toute beauté.

L'*alfa*, largement représenté dans les galeries, recouvre spontanément en Algérie des surfaces *immenses*. Cette plante vivace et très résistante sert à confectionner des objets de sparterie, nattes, paniers, etc.

En Angleterre, elle est surtout employée à la fabrication du papier. En 1887, la colonie n'en a pas récolté moins de 224,000 tonnes dont les deux tiers ont été expédiés dans le Royaume-Uni. Sur ce point, la France est en arrière de ses voisins d'outre-Manche, et nous devons exprimer l'espoir que la papeterie française adopte pour sa fabrication cette matière première « qui » fait la fortune d'une industrie chez une nation voisine ».

Le *crin végétal* est une industrie tout algérienne ; on

le fabrique sur place avec les feuilles du palmier-nain (chamœrops humilis). En 1887, il en a été exporté plus de 15,000 tonnes, représentant une valeur de plus de 3,200,000 francs.

Le *tabac* vient admirablement en Algérie, où le commerce en est libre et où l'industrie privée le travaille sur les lieux. La campagne de 1886-87 a donné sur une superficie d'environ 10,200 hectares, une récolte de 5,000,000 de kilogrammes, que l'on consomme sur place ou qui est exportée manufacturée à l'étranger. Malheureusement, cette culture est loin d'être encouragée par la métropole ; la qualité peut cependant être supérieure, puisque M. Rivière, directeur du Jardin d'Essai, a réussi à importer les graines d'une espèce originaire de Java qui produit un tabac merveilleux dont la valeur marchande est, en feuilles, de 6 fra... s le kilogramme !

Les essais de production de la *ramie*, cette plante dont la fibre remarquablement souple, résistante, fine et brillante est susceptible de remplacer le lin, le coton et même la soie, sont concluants. Les remarquables échantillons exposés par le Jardin d'Essai permettent d'entrevoir l'avenir en Algérie de ce textile, surtout lorsqu'on aura trouvé une machine pratique pour la décortication sur place. Ce même établissement produit des échantillons de lin d'une beauté surprenante, du lin de Riga acclimaté en pays presque tropical !

Quant aux laines, dont la qualité s'améliore tous les jours par le fait de la sélection des races, qu'il nous suffise de dire qu'en 1887 l'exportation a dépassé le chiffre de 17,000,000 de francs. Le lainier méthodique, exposé par le gouvernement général, donne d'ailleurs la collection de toutes les laines d'Algérie.

Sondages artésiens. — Dès 1844, l'ingénieur des mines Fournel pressentait le rôle futur de la sonde artésienne en Algérie. En 1858, M. Jus et le capitaine Zickel étaient chargés de diriger deux ateliers au sud de Biskra : le succès couronna leurs efforts et la sonde a porté la prospérité dans des contrées jusqu'alors absolument désertes et stériles.

« Au début de la conquête, on a cru que la terre

» cultivable de l'Algérie s'arrêtait aux monts de Bli-
» dah; on sait aujourd'hui que la steppe aura sa nation
» d'alfatiers, de laboureurs... et nous prévoyons que
» ce qu'on irriguera du désert deviendra le jardin de la
» France. » Cette prévision de Reclus a été réalisée par
la *conquête du désert*. On sait, en effet, qu'au sud de
Biskra, en plein Sahara, la région de l'Oued-Rir' a été le
théâtre d'entreprises de colonisation aussi hardies que
nouvelles. Des sondages ont fait jaillir de l'eau à profusion, et cette eau a permis d'irriguer et de mettre en
valeur des superficies immenses jusqu'alors réputées
stériles, l'eau étant le grand, l'indispensable facteur de
toute culture. Autour de ces puits artésiens, forés à
grand'peine, on a couvert le sol de plantations de palmiers-dattiers, et on a vu ainsi *des colons français créer
de toutes pièces des oasis au milieu des déserts !*

Jusqu'à présent, deux groupes, deux compagnies
concourent au même but en employant les mêmes procédés : la Compagnie Fau Foureau, et la Compagnie à
la tête de laquelle se trouve M. Georges Rolland, ingénieur des mines. Toutes deux exécutent des sondages
à l'aide des appareils plusieurs fois exposés à l'Esplanade, et irriguent avec les eaux ainsi obtenues leurs
plantations de palmiers-dattiers. Actuellement, on ne
compte pas, dans la région de l'Oued-Rir', moins de
660,000 palmiers, à l'ombre desquels végètent 100,000
autres arbres fruitiers.

On n'ignore pas que toutes les oasis sahariennes sont
des forêts de palmiers-dattiers abritant d'autres cultures sous leurs ombrages. Le dattier, pour pousser et
bien produire, doit, suivant le proverbe arabe, « avoir
» les pieds dans l'eau et la tête dans le feu du ciel ».
Dans ces conditions, si les dattes sont de bonne espèce,
le produit d'un hectare peut atteindre le chiffre de
4,000 francs. C'est que la datte est la base de l'alimentation des indigènes avec le *couscous*, lequel, tiré du blé,
est préparé d'une façon spéciale par des femmes ; il y a
donc un mouvement forcé d'échanges entre les céréales
du Tell et les dattes du Sahara. La datte de choix est
d'ailleurs devenue une denrée dont l'exportation en
France, en Angleterre et en Amérique par les deux

Compagnies qui exploitent l'Oued-Rir', atteint un chiffre très élevé.

L'Oued-Rir' ne pourra jamais devenir une *colonie de peuplement* et devra rester une *colonie d'exploitation*, où le rôle de l'Européen devra se borner à surveiller et diriger la main-d'œuvre des indigènes. Ceux-ci, reconnaissants envers la France de leur avoir procuré, en leur donnant de l'eau, ce qu'ils appellent la fortune, nous sont très attachés. Cette *conquête du désert* est donc non seulement une opération industrielle de premier ordre, c'est aussi une œuvre de civilisation et de progrès. C'est, maintenant au chemin de fer qu'il appartient de couronner l'édifice : la voie ferrée s'étend déjà jusqu'à Biskra. M. Paul Leroy-Beaulieu déclare que nous ne devons pas hésiter à procéder à la construction des chemins de fer de pénétration et inscrit en première ligne, comme le plus important et le plus pressé, celui de Biskra à Ouargla par l'Oued-Rir' : nous pensons que cette ligne sera l'amorce du *transsaharien*, destiné à relier l'Algérie au Soudan central, suivant le tracé exploré par Flatters, passant par Amguid et aboutissant au lac Tchad et non à Tombouctou. En présence des visées de l'Italie sur la Tripolitaine, « nous devons, » dit M. Georges Rolland, craindre que les Italiens, une » fois à Tripoli, ne lancent de là un transsaharien rival » vers le lac Tchad et ne réussissent à nous devancer » au Soudan central ; ce qui serait une véritable défaite » pour nous, Français, installés en Algérie depuis » tantôt soixante ans ! »

Les Expositions de M. Rolland dans la salle de Constantine et de la Compagnie Fau Foureau sont à visiter avec soin. On reconnaîtra que les Anglais, dans les fastes de leurs entreprises coloniales, n'ont rien à opposer qui soit comparable à l'œuvre ainsi accomplie par la France sur un coin reculé de la terre africaine.

Tous les produits alimentaires ont été réunis pour former le groupe VII de la classification. Les *farines* et surtout les *semoules* algériennes sont fort belles et d'une qualité tout-à-fait supérieure. Pendant de longues années, les Européens n'ont consommé que des farines importées de France ; mais l'abondance toujours croissante des récoltes et l'installation de moulins et usines font que, maintenant, non seulement on ne consomme exclusivement que des farines fabriquées sur place, mais aussi que ces produits donnent lieu à une exportation qui a atteint, en 1887, pour les farines et semoules, le chiffre de plus de 3,500 tonnes.

Huiles d'olives. — L'olivier croît spontanément dans tout le Tell algérien. On évalue à 6,000,000 le nombre des arbres greffés ; quant aux arbres sauvages, leur nombre est incalculable ; il y a là une source de richesses dont on ne saurait tarder à tirer parti.

Les trop rares usines à huile de l'Algérie donnent des produits qui, outre la consommation locale qui est des plus considérable, sont exportés à Marseille.

Lorsqu'on aura greffé tous les sauvageons, la production pourra facilement et à très peu de frais être décuplée, et la France pourra tirer ses huiles de chez elle sans être tributaire de l'étranger, les huiles de fabrication européenne étant réservées pour la table, tandis que les huiles de qualité inférieure, comme celles de fabrication kabyle, seraient employées pour l'éclairage, le graissage des machines et la savonnerie.

Légumes et fruits. — Tous les légumes, soit farineux, soit verts, réussissent admirablement dans la colonie ; non seulement ils alimentent la consommation locale, mais aussi ils sont l'objet d'une exportation importante sur les marchés de France et notamment sur Paris ; l'époque n'est certainement pas éloignée où les primeurs d'Algérie remplaceront partout ceux d'Italie. Parmi les fruits indigènes qui jouent un rôle important comme production et comme commerce, il faut citer en première ligne, l'orange et la mandarine, ainsi que leurs congénères, citrons, cédrats, etc., dont la production est illimitée.

Les bananiers prospèrent remarquablement sur le littoral, pourvu qu'ils soient plantés en terrain propice, largement irrigués et surtout bien abrités contre les vents. Les fruits secs sont également appelés à jouer un rôle considérable dans le commerce d'exportation de la colonie ; les Kabyles font, sur une grande échelle, sécher des raisins ; les dattes sont la base de l'alimentation des tribus sahariennes, et les sondages artésiens, dont nous avons déjà parlé, en accroissent tous les ans la production ; enfin, les figues sèches sont déjà l'objet d'un commerce considérable. En 1887, il a été exporté d'Algérie pour près d'un million et demi de fruits desséchés.

Quant aux *raisins de primeur*, cette industrie à peine naissante est déjà fort prospère. Grâce à ses étés précoces, la colonie peut fournir aux marchés de France, dès les premiers jours de juillet, des chasselas dits de Fontainebleau d'une qualité bien supérieure et d'un prix bien inférieur à ceux venus artificiellement dans les serres de Belgique.

Boissons fermentées. — Mais de toutes les productions de l'Algérie, la plus importante sans contredit, celle sur laquelle tout le monde fonde les plus grandes espérances, et qui depuis dix ans a pris une extension colossale, c'est la culture de la vigne et la production des vins.

L'Algérie possède un climat et un sol qui sont particulièrement favorables à la culture de la vigne. Sauf quelques régions, d'ailleurs aussi rares que peu étendues, où on a à redouter les gelées printanières et la grêle, on peut dire que partout la vigne y réussit merveilleusement, mieux même que dans le midi de la France. D'ailleurs, les modes de culture sont généralement les mêmes que dans la Métropole, ainsi que les ennemis d'ordre cryptogamique ou animal.

A propos de ces derniers, on a découvert des foyers d'infection phylloxérique aux deux extrémités de l'Algérie. La loi, une loi spéciale, armait l'administration, et il était de son devoir de l'exécuter à la lettre, coûte que coûte. En agissant ainsi, on aurait eu la *certitude* d'étouffer le fléau à l'origine, et la *certitude* de sauver le grand vignoble algérien ; malheureusement, l'administration locale s'est contentée de prendre des demi-mesures, sous le fallacieux prétexte de manquer de fonds. Au lieu de s'affranchir courageusement des influences locales, au lieu de prendre des mesures énergiques qui eussent anéanti radicalement le fléau dès son apparition, on a hésité, on n'a fait qu'une minime

partie de ce que la loi prescrivait de faire, on s'est
exposé à avoir masqué temporairement le fléau sans
l'avoir radicalement détruit. Et, pour mettre le comble
à son incurie, l'administration a...... passé la main,
et, dégageant habilement sa responsabilité, a confié
aux intéressés groupés en syndicats, le soin de surveiller leurs propres vignobles. Et cela, dans un pays
où les coteries locales jouent un rôle considérable, et
où *la très grande majorité des colons nie l'existence
même d'un insecte parasite appelé phylloxera !*

Est-ce à dire que le vignoble de l'Algérie soit com-
promis ? Non certes ; et d'ailleurs le sol y est si riche,
la végétation de la vigne y est si exubérante et si in-
tense qu'il y a tout lieu d'espérer que le précieux végétal apporterait à l'insecte une force de résistance
beaucoup plus considérable qu'en Europe et permettrait de soutenir vigoureusement la lutte. Mais s'il fallait un jour l'entreprendre sur une vaste échelle combien grande serait la responsabilité des pouvoirs
publics auxquels on ne manquerait pas de reprocher,
à juste titre d'ailleurs, d'avoir laissé couver en quelque
sorte le fléau au lieu de l'étouffer radicalement alors
qu'il était encore à l'état de simple germe, ce qui lui
eût été si facile puisqu'elle n'avait qu'à exécuter la loi.

Toujours est-il que le vignoble algérien, datant à
peine d'hier, a déjà une étendue et une importance
des plus considérables.

Au 31 décembre 1888, les surfaces complantées en
vignes, — non compris les vignes jeunes encore improductives, âgées de moins de trois ans, — étaient :

Département d'Alger.........................	26.334 hectares
— d'Oran,......................	23.544 »
— de Constantine,...................	16.002 »
Soit au total.......	65.880 hectares

	Ayant produit	en 1887	en 1888
Département d'Alger.,............		945.311 h.	1.149.041 h.
— d'Oran,...............		741.222 »	1.081.328 »
— de Constantine,.........		216.478 »	498.004 »
Totaux,...........		1.903.011 h.	2.728.373 h.

Les chiffres qui précèdent montrent d'une façon suffisamment éloquente quelle est déjà l'importance du vignoble algérien, importance toujours croissante puisque les plantations nouvelles se multiplient chaque année. L'exposition spéciale des vins de chacune des trois provinces, qui occupe trois salles distinctes au Palais algérien, confirme cette démonstration.

Comme nature et qualité des vins, l'Algérie les produit ou les peut produire toutes : petits vins légers, soit de consommation immédiate, soit de chaudière ; gros vins de coupage, analogues à ceux du midi et du Roussillon ; excellents vins ordinaires de consommation directe ; grands vins même, rouges ou blancs, s'y rencontrent également. Cette assertion ne saurait manquer d'étonner ceux, — et ils sont nombreux ! — qui, ayant goûté du vin vendu par le commerce de Paris sous le nom de vin d'Algérie, n'ont rencontré qu'une boisson plus ou moins habilement frelatée, souvent nauséabonde, quelquefois malsaine et nuisible : cela provient de ce que, depuis tantôt dix ans, c'est-à-dire depuis que la production algérienne a dépassé les besoins de la consommation locale, l'exportation a été accaparée par les négociants de Cette et du midi, lesquels n'ont lancé ces vins dans la consommation qu'après les avoir... *opérés* dans leurs officines. Personne n'ignore que le commerce des vins en gros vit surtout par la fraude. Beaucoup d'alcool, le plus possible de matières extractives et par dessus tout beaucoup de couleur permettent d'*allonger* la marchandise après transport, soit avec des piquettes de raisins secs, soit le plus souvent avec de l'eau. Voilà pourquoi les négociants qui ont jusqu'à ces derniers temps exploité l'Algérie sous le rapport du vin, ont demandé surtout de gros vins, fort alcooliques et imbuvables tels quels ; voilà pourquoi les colons, pour s'assurer un écoulement rapide, ont surtout planté des cépages grossiers. Là n'est pas l'avenir de l'Algérie : elle doit surtout s'attacher à la qualité puisqu'elle peut produire — et produit déjà d'ailleurs — des vins bien supérieurs à ceux du midi de la France, des vins de consommation directe, qui ont non seulement *une conservation assurée*, quoi qu'en aient dit ses détracteurs

intéressés et de mauvaise foi, mais encore qui se boni-
fient et acquièrent en vieillissant de réelles qualités.
Par une judicieuse sélection des cépages, par une vini-
fication appropriée à l'ardeur du climat à l'époque des
vendanges, par des installations convenables de caves
et celliers, ce résultat peut et doit être infailliblement
atteint, et d'autant plus rapidement qu'actuellement le
plus grand pas et les expériences sont faits. Dans quelques années, on ne dira certainement pas plus *vin d'Algérie* qu'on ne dit *vin de France*, car on ne saurait con-
fondre sous cette dernière dénomination le Château-
Margaux et le *ginguet* d'Orléans; la classification des
crus algériens sera établie, malgré le commerce qui
exploite le colon algérien d'une façon absolument
odieuse. Cela est si vrai qu'en 1888 on a vendu *à des
négociants en gros*, pour Bordeaux, des vins nouveaux
1,600 francs le tonneau de quatre barriques ! C'est là
un prix exceptionnel, nous objectera-t-on : soit; mais
nous avons le droit d'en conclure qu'en Algérie on
trouve des vins supérieurs, et d'invoquer cet exemple
à l'appui de la thèse que nous soutenons ici, d'accord
avec tous ceux qui sont tant soit peu au courant de la
question.

Il est profondément regrettable que le public doive se
borner à contempler les fioles des exposants algériens
sans pouvoir en déguster le contenu. Ces 1639 producteurs — on voit qu'ils sont nombreux — ont certainement envoyé à l'Esplanade ce qu'ils avaient de meilleur :
s'il était permis de goûter à leurs produits, le public,
le gros public qui boit du vin, serait bien certainement
étonné de la dissemblance qui existe entre les vrais
vins d'Algérie et les *beureries adultères* que débite sous
ce nom le commerce de Bercy et autres lieux.

Est-ce à dire pour cela que *tous* les vins algériens
soient irréprochables ? Non certes, et cela tient à ce que
le vignoble est encore bien jeune, et qu'en maints en-
droits, surtout chez les petits producteurs, le matériel
vinaire est en mauvais état ou même fait presque défaut.
En effet, tel colon qui a dépensé toutes ses ressources
à la plantation même de la vigne, au moment où celle-ci
commence à produire, s'est trouvé dans l'impossibilité

de faire bâtir une cave et surtout de la garnir de vaisselle vinaire. Pour échapper aux fourches caudines des industriels qui achètent le raisin sur pied, toujours à vil prix, le colon s'ingénie, soit cuver — quelquefois au soleil ! — dans des barriques défoncées, dans des vases souvent malpropres, moisis. Comment, avec de pareils moyens, obtenir du vin même buvable ?

Très rapidement, tout cela doit disparaître et disparaîtra ; l'éducation vinicole des producteurs se perfectionnera, et l'universalité des vins d'Algérie deviendra irréprochable, en même temps que la classification des crus s'établira. Ce qu'il faut aussi, c'est que les compagnies de transport consentent *et appliquent honnêtement* un tarif réduit et uniforme pour le transport de la *barrique-unité*. Alors seulement le consommateur de la métropole s'approvisionnera directement à la propriété et sera assuré de recevoir du vin d'Algérie d'origine certaine. Enfin l'Algérie, d'accord en cela avec la viticulture de la mère-patrie, attend avec confiance la dénonciation des traités de commerce qui vont bientôt prendre fin, et qui, grâce à la clause de la nation la plus favorisée, permettent d'introduire en France des pseudo-vins étrangers, souvent fabriqués de toutes pièces, servant de véhicule à des alcools prussiens qui entrent ainsi en fraude au grand détriment du Trésor et de la santé publique. L'Algérie compte avec raison plutôt sur la sollicitude des pouvoirs publics que sur le patriotisme du commerce qui ne s'approvisionnera que contraint et forcé dans une colonie française, où la fraude ne peut être pratiquée ouvertement comme à l'étranger.

La richesse en alcool des vins algériens permet de produire en abondance des alcools et eaux-de-vie de vin qui ne laissent rien à désirer, et peuvent entrer en concurrence avec les meilleurs produits des Charentes. Dans certaines plaines, où le sol est humide, à Boufarik par exemple, le rendement en vin à l'hectare atteint un chiffre considérable ; mais, par contre, le vin est forcément léger et d'une conservation problématique. La distillation permet de tirer de ces vins légers — pour la chaudière la légèreté est un avantage —

un produit très rémunérateur. Aussi, depuis quelques
années des distilleries considérables ont-elles été mon-
tées, et les produits obtenus sont-ils l'objet d'une faveur marquée. Quelque bien rectifié que soit l'alcool de
grains ou betteraves, l'alcool de vin lui est préférable :
aussi est-il certain que cette industrie, fort lucrative
d'ailleurs, prendra incessamment une extension considérable, au grand bénéfice de l'hygiène publique.

Céréales. — Antérieurement à la conquête, la seule
espèce de *blé* cultivée en Algérie était le blé dur ; les
Européens y ont introduit le blé tendre qui y a réussi
admirablement, puisque les tuzelles de Sidi-bel-Abbès
ne peuvent satisfaire à la demande du commerce. Le
blé dur de la colonie est coté le premier du monde ;
grâce à son rendement en gluten, il convient admirablement pour la fabrication des pâtes alimentaires.

La culture de *l'orge* a une grande importance, car
cette céréale, outre qu'elle sert exclusivement à la
nourriture des chevaux, entre pour une part considérable dans l'alimentation des indigènes ; elle est aussi,
à cause de sa qualité, fort demandée pour la brasserie
dans le nord de la France, en Angleterre et en Belgique. Au point de vue de la quantité d'orge produite,
l'Algérie, qui occupe le premier rang parmi les pays
extra-Européens, tient le sixième rang parmi les pays
d'Europe, venant avant la France qui n'est classée
qu'au septième. En 1887, la production en orge de la
colonie a atteint le chiffre de 825,000 tonnes.

L'*avoine*, qui n'est guère cultivée que par les Européens, a atteint en 1887 un rendement total de
57,000 tonnes.

Le *maïs* est peu répandu, mais donne beaucoup
quand on peut l'irriguer.

Les différentes espèces de *sorgho* sont depuis longtemps cultivées par les indigènes, qui s'en servent
pour leur alimentation ; ces plantes sont d'ailleurs
précieuses par leur vigueur de végétation et leur remarquable résistance à la sécheresse. En 1887, la production a été de 12,250 tonnes environ.

Le rendement de toutes ces céréales, il importe de le
faire remarquer, pourra facilement être décuplé lorsque

les terres, encore improductives parce qu'elles appartiennent aux Arabes naturellement apathiques et in-
souciants, ou aux juifs qui les ont acquises dans un
but de spéculation, et attendent une plus-value suffi-
sante pour les revendre, auront été défrichées et mises
en culture.

Notons en passant que les procédés agricoles, chez
les indigènes, se perfectionnent tous les jours; l'ancienne charrue arabe, simple araire qui ne faisait que
gratter le sol, quoique encore fort répandue dans les
tribus, tend à être remplacée par les charrues euro-
péennes, ce qui augmente considérablement le rendement. Pour donner une idée de l'importance du matériel agricole en Algérie, qu'il nous suffise de rapporter
que les Européens possèdent plus de 100,000 et les indigènes plus de 233,000 machines agricoles de toutes
sortes !

Signalons (classe 75, Viticulture) les spécimens de
vignes, charrues vigneronnes, en un mot tout ce qui a
trait directement à l'exploitation du vignoble ; cet
examen montrera au visiteur quelle importance a prise
la viticulture en Algérie.

Dans ce même groupe figurent les insectes utiles et
nuisibles : parmi les premiers, on n'élève guère que
l'abeille et le ver à soie. L'abeille est l'objet de toute la
sollicitude des indigènes, et les miels d'Algérie sont
justement appréciés ; mais la sériciculture ne s'est
que peu développée à cause de la concurrence étrangère et de la main-d'œuvre. Quant à l'exploitation de
la cochenille, elle a été abandonnée depuis que les
couleurs dérivées de la houille ont avili les prix.

Comme insectes nuisibles, outre le phylloxera dont
nous avons parlé, on ne trouve guère que l'altise de la
vigne et les sauterelles. L'altise de la vigne peut être
et est combattue avec succès, mais à grands frais pour
les intéressés; elle disparaîtra presque certainement
lorsque l'administration saura ou voudra faire exécuter, sans compromissions, les mesures législatives
et réglementaires qu'elle a prises. Quant aux sauterelles et aux criquets, c'est une plaie qui est trop connue pour que nous ayons à insister: bornons-nous

seulement à critiquer les modèles des divers engins de destruction exposés par le département de Constantine, car cette représentation figurée est à tous les points de vue absolument grotesque.

Le groupe IX et dernier est consacré aux *fleurs et plantes d'ornement*. L'industrie des plantes ornementales pour appartement était jusqu'à ces dernières années le monopole de la Belgique et de la Hollande qui les élevaient en serres. M. Rivière, directeur du Jardin d'essai du Hamma, est arrivé à la transplanter en Algérie où, grâce à la clémence du climat, les plantes tropicales supportent admirablement la pleine terre.

N'étions-nous pas fondé à déclarer, au début de cette brève étude, qu'*il y a de tout en Algérie?* Oui, l'Algérie peut tout donner comme production du sol, mais non comme produits manufacturés, parce qu'il lui manque malheureusement l'élément primordial et indispensable de toute industrie manufacturière, le combustible. C'est donc au sol qu'il faut tout demander, et celui-ci par ses richesses minières et par sa prodigieuse fécondité, rémunère largement tous ceux qui le pénètrent ou le remuent.

L'Algérie doit donc avant tout être une colonie de peuplement. Aux pouvoirs publics d'organiser sérieusement et de favoriser l'émigration : tel qui s'y rend par misère ou par coup de tête sera rarement un bon colon ; de même, l'ouvrier embauché, qui sera toujours plus ou moins l'objet d'une exploitation personnelle, ne sera jamais qu'une mauvaise recrue. Ce qu'il faut, c'est attirer l'ouvrier, l'homme pauvre, mais fermement déterminé à se faire par le travail une place au soleil, et au lieu d'opérer au hasard, le distribuer avec méthode dans la colonie. Il faut aussi lui inculquer d'avance l'idée que l'Algérie n'est pas un eldorado, mais bien une terre fertile, où tout travailleur énergique et persévérant est certain de trouver bientôt la légitime rémunération de ses efforts.

Aux capitaux de la métropole, l'Algérie offre un placement de tout repos, et, pour la petite épargne autrement sûr que les emprunts étrangers qui ont drainé une partie de la fortune publique.

Au commerce, elle présente déjà un vaste champ d'opération, qui ne pourra que s'élargir quand l'abolition des traités de commerce permettra à ses produits de n'être plus écrasés par la concurrence étrangère.

Certes, on a beaucoup fait en Algérie, mais il reste encore beaucoup plus à faire, seulement le terrain est admirablement préparé. Des chemins de fer, ce puissant facteur de colonisation, *pénètrent* dans l'intérieur des terres, même au-delà de la limite des parties cultivables, et ont un développement total de plus de 3,100 kilomètres. La sécurité est complète et le sera d'autant plus qu'on assimilera davantage l'indigène, au lieu de favoriser cette tendance malsaine et trop répandue qui consiste à le considérer comme un être nuisible et dangereux.

L'Algérie, qui fut longtemps le grenier de Rome, doit être pour la France une source de richesses incalculables ; pour cela il faut l'exploiter, il faut que tout le monde — y compris nos gouvernants — se persuade qu'elle n'est pas une quantité négligeable, il faut voir se réaliser la prophétie de M. Leroy-Beaulieu, car alors seulement elle sera le véritable prolongement de la France : *il faut qu'avant la fin du siècle un million d'Européens soient fixés en Algérie.*

R. F.-M.

ANNAM ET TONKIN

I

SITUATION GÉOGRAPHIQUE, LATITUDE, SUPERFICIE, POPULATION.

Selon la manière dont ses frontières occidentales seront déterminées, le Tonkin représente soit un triangle, soit un trapèze dont l'un des côtés est bordé par la mer et qui s'allonge vers le Nord-Ouest. Compris entre 20° et 23° 20' de latitude Nord, entre 101° et 105° 50' de longitude Est, il couvre une superficie de 90,000 kilomètres carrés. Sa population peut être estimée à 9 ou 10 millions d'habitants, dont les onze douzièmes s'entassent dans la plaine alluvionnaire du delta, vrai grenier à riz de 11,000 kilomètres carrés de superficie.

L'Annam est comme l'appendice qui se détache du Tonkin. Cette bande, tout en littoral, qui s'allonge depuis 20° jusqu'à 10° 30' de latitude Nord et entre 102° et 107° de longitude Est, mesure 1,300 kilomètres de côtes maritimes dont la forme générale est celle d'un S à faible courbure. La superficie occupée par la race annamite peut être évaluée à 70,000 kilomètres carrés, la population à trois millions d'habitants. Les pays annexes, habités par les tribus montagnardes, restent complètement à déterminer.

II

SITUATION POLITIQUE, RÉGIME ADMINISTRATIF.

Les nouvelles qu'apportent les courriers nous apprennent que la tranquillité n'est pas absolue au Tonkin. Elle l'est en Annam, où pourtant la conquête française avait amené une crise violente qui se traduisit par une anarchie effroyable et le massacre de plus de cinquante mille hommes, dont près de quarante mille chrétiens de tout âge et de tout sexe égorgés impitoyablement parce qu'ils étaient considérés comme les auxiliaires naturels des Français. Mais des initiatives hardies, qui n'hésitèrent pas à assumer les plus lourdes responsabilités, donnèrent rapidement à ce pays la sécurité complète dont il jouit en ce moment.

L'Annam et le Tonkin sont soumis à la cour de Hué qui, sous le protectorat et le contrôle de France, nomme les fonctionnaires indigènes : gouverneurs, juges administrateurs, préfet et sous-préfets, toute cette hiérarchie qui vient de la capitale et qui y retourne en s'élevant en grade, qui agit au nom du roi, le fils terrestre du ciel, le père et le maître du peuple, et qui se recrute par des concours littéraires établis à l'instar de la Chine, dont la civilisation régnait ici sans partage avant l'intervention des Occidentaux.

De par les traités, l'action du protectorat français diffère sensiblement dans les deux pays.

Au Tonkin, les Résidents ont la justice, la police, la tenue de l'état-civil des Français et des étrangers ; ils sont, en outre, les intermédiaires obligés entre les autorités annamites et les populations indigènes d'un côté, les fonctionnaires et employés français de toute catégorie, d'un autre ; ils ont enfin une action directe qui va jusqu'à contrôler les administrations indigènes et à centraliser avec leur concours, le service des anciens impôts. En Annam, où le protectorat est plus mitigé, les fonctions résidentielles se limitent aux questions de sécurité, d'ordre public, de douane et de travaux publics, sans un contrôle aussi immédiat et sans une immixtion directe dans l'administration locale des provinces.

III

EXPOSITION.

L'exposition des deux contrées réunies sous le sceptre du descendant des Nguyen, a été confondue dans un seul bâtiment colonial de l'Esplanade des Invalides.

Dû à la collaboration de MM. Foulhoux et Vildieu, le pavillon de l'Annam et du Tonkin donne, de même que les autres] constructions coloniales, une idée assez frappante de l'architecture indigène. Il la reproduit en s'inspirant franchement du style des pagodes tonki-noises avec quelques améliorations et une pointe d'idéal.

Les bois finement travaillés, les tuiles vernissées, en général tous les matériaux visibles et décoratifs, viennent de l'Indo-Chine. Le plan très simple, se compose de deux grandes salles reliées par des galeries latérales. Au milieu, une cour intérieure à ciel ouvert où est élevée en ce moment la reproduction d'un grand Bouddha du Tonkin.

On reconnaît à première vue que l'aspect décoratif a surtout été recherché.

Les tentures aux brillantes couleurs, les parasols, les éventails de plumes, les meubles laqués et incrustés alternent agréablement. C'est un peu au détriment de la classification que nous essaierons de rétablir.

A tout seigneur, tout honneur.

L'incrustation est l'industrie originale du Tonkin. Les procédés en sont simples. La nacre, qui provient des côtes de l'Annam, est découpée en petits morceaux et collée sur des entailles faites selon le sujet à repré-senter.

Les incrustations sont largement représentées à

2.

l'Exposition. MM. Armaing, Borgaerd, Chesnay, Du-
moûtier, Lafont, Lemire, Marty, etc., exposent de
nombreux bahuts, plateaux, paravents, toute une
chambre à coucher même. Mgr Puginier a envoyé les
meubles et ornements incrustés par ses chrétiens.

Il y a à signaler particulièrement deux malles incrus-
tées, provenant du palais royal de Hué, et exposées
par M. Buret. La serrurerie de ces malles est également très remarquable.

Parmi les bois sculptés, il faut citer, en premier lieu,
les boiseries du bâtiment lui-même, si toutefois elles
ne proviennent pas de la Cochinchine française; puis
les beaux bahuts de MM. Lafont et Lemire, les tables
de M. Chesnay, la réduction d'une pagode annamite
envoyée par le génie militaire, et aussi les meubles de
forme européenne de M. Viterbo. Très fouillés, puisque les ornements sont complètement détachés du
fond, ce sont de vrais prodiges de patience, toutes
réserves faites d'ailleurs sur l'idée de marier l'art
européen aux procédés indigènes.

Les meubles laqués, dispersés un peu partout, sont
en grand nombre, surtout à droite de la principale
porte d'entrée où se trouve la collection de M. Chesnay.

On y voit aussi tout ce qui a rapport à l'industrie de
la laque.

C'est d'abord l'arbre qui la produit, appelé Cay-son.
Cet arbre, gros comme le poignet, se rencontre
surtout dans les provinces de Hong Hoa et de Tuyen
Quang. Viennent ensuite les coquilles fichées dans les
entailles pour recueillir le précieux suc ; les pots et
les jarres qui le transportent; la vis à linge que l'on
tord pour le filtrer ; les verres d'échantillons où il se
montre avec les diverses nuances : noire, brune, rouge
que lui donnent certaines mixtions; les polissoirs, et
les pinceaux faits de cheveux d'enfants qui l'étendent,
etc. Toute cette collection, due à la Société française des
laques du Tonkin, est encadrée par un superbe panneau
laqué et doré. Dans d'autres parties de la salle et du
bâtiment, les armes, les bâtons, les instruments du
culte, les boîtes à bétel, les câm ou autels domestiques
entièrement laqués, constatent les mérites du riche

vernis que le Tonkin, outre sa consommation propre, exporte en Chine et au Japon où il est mélangé aux laques de ces pays. D'aucuns proposent d'employer la laque pour remplacer avantageusement dans les câbles sous-marins, la gutta-percha dont le prix est plus élevé.

Passant aux soies, nous remarquons les intéressants échantillons de vers à soie introduits au Tonkin par M. Arnal, pour améliorer la graine et alimenter nos fabriques lyonnaises. Ces vers, retour d'Indo-Chine, sont nourris avec les feuilles des mûriers nains du Tonkin, simplement enfoncés dans une caisse de terre. De pareils essais sont intéressants : la production annuelle de la soie du Tonkin pouvant être évaluée à 15,000 piculs de 60 kilogrammes. Elle devrait être développée et les procédés sont tous à améliorer.

Outre les superbes tentures disséminées de tous côtés, signalons les pièces de soie tissées par les chrétiens de Mgr Puginier qui est parvenu à faire augmenter la largeur traditionnelle des métiers indigènes. — M. Chesnay expose aussi des pièces de soie épaisse, tissées pour tapis, pour fond de palanquin, dont les dessus ont été modifiés à l'européenne, ce qui a dû être un événement chez la gent féminine tonkinoise.

De l'Annam, où la production de la soie,

relativement importante, promet encore de se développer dans l'avenir, viennent les crépons de soles grèges
de Qui-nhon ; de beaux échantillons envoyés par le roi,
et trois pièces, exposées par M. Lemire, qui représentent les cinquante-deux variétés de fabrication.
Cette industrie est à peu près la seule qui ait pu se
maintenir en Annam contre les procédés despotiques
de la cour, qui prenait de force tout ouvrier habile pour
le garder dans la misère au service du roi.

Il n'y aurait guère à faire exception que pour la
petite industrie des minuscules services à thé avec
plateau, en marbre blanc de Tourane, dont plusieurs
échantillons sont exposés.

Le roi d'Annam a envoyé aussi des sabres à poignées
d'ivoire et à fourreau garni d'argent repoussé. Les
armes ordinaires : piques, lances, framées, tridents,
sont un peu dispersées de tous côtés.

Outre sa cuivrerie commune, le Tonkin expose une
cuvette et une aiguière très jolies en cuivre niellé, faites
à Hanoi et envoyées par le roi d'Annam. Sous une
vitrine est une collection de bijoux d'argent venant de
Hong-Yen, ainsi que des bracelets et des colliers de
Phong-Lam, en pays mœuong.

Le Protectorat et M. Chesnay exposent quelques potiches vernissées de Bat-Tang, village à 8 kilomètres de
Hanoi ; cette imitation de la poterie chinoise n'est pas
sans mérites.

La vannerie ordinaire de jonc, rotin ou bambou, les
nattes, paniers, sacs et cordes offrent de nombreux
spécimens, principalement dans la salle du fond.

Revenons aux textiles si riches de promesses.

L'Annam et le Tonkin exposent des cotons bruts, filés
et tissés. La culture du coton, très répandue, donne
avec peu de soins, un bon rendement. On s'arrête avec
intérêt devant un tas de ramie, cette plante qui semble
destinée à devenir le textile indo-chinois par excellence.
Elle se montre ici sous tous ses aspects, depuis l'écorce
brute du végétal jusqu'à trois ou quatre variétés
d'étoffes. La culture de cette ortie de Chine prend de
l'extension au Tonkin, surtout dans la province de
Hong-Yen ; mais jusqu'à présent les indigènes ne l'em-

ploient guère qu'à la confection des cordages, hamacs,
filets de pêche, etc.

L'écorce très tenace de l'arbre à papier, le caygio, qui
croît principalement dans les forêts de Hong-Hoa,
rouie, trempée et pilée, donne une pâte qui fait le
papier chinois; écorce, pâte et papier sont exposés ensemble. Le produit a été expérimenté avec succès dans
les papeteries d'Angoulême. On tire aussi de cette
écorce un fil mince et résistant qui sert à fabriquer des
étoffes presque aussi chères que la soie; sauf erreur,
ce fil, teint en jaune, se trouve en quantité dans l'exposition de M. Bourgoin-Meiffre.

Après avoir jeté un coup d'œil sur la collection d'oiseaux préparés par M. Gobert, il faut passer rapidement
sur une foule de produits intéressants mais peu décoratifs : ce sont, la série très complète des bois du
Tonkin, exposés avec leurs noms annamites par Mgr
Puginier ; du même, les cent vingt-cinq variétés de riz
que comprennent les deux grandes espèces, le riz sec et
le riz gluant ; la collection des produits de l'Annam,
envoi de M. Lefont ; arachides ou pistaches, huile
d'arachides, tourteaux d'arachides, le tabac du Tonkin
et de Binh-Dinh, la cannelle, le kin nao ou poils d'or,
hémostatique puissant et bourre végétale pour garnir
matelas et coussins ; les gros tubercules de cunao ou
faux gambier, dont la teinture donne aux vêtements
indigènes cette universelle couleur brune qui frappe
les nouveaux arrivants ; le stick-laque qui teint en
rose les vêtements, l'huile de ricin qui éclaire les indigènes, l'huile jaune de sésame que les riches Chinois
mangent ; l'essence de badiane ou anis étoilé, qui sert
à la fabrication de l'absinthe et de l'anisette et qui est
exposé par le fermier de la badiane, M. Bourgoin-Meiffre;
les essais d'un distillateur, M. Dénoc, qui s'applique à
tirer parti des produits du pays, etc.

Les sables aurifères et le charbon de Ké-Bao, concession Dupuis, ainsi que les belles collections de M. Fuchs
et de M. Vézin, recueillies aux environs de Hon-Gai et
de Quang-Yen, montrent les richesses minéralogiques
de ces pays. M. Vezin expose aussi des essais de fabrication de ciment du Tonkin.

Les collections ethnographiques sont nombreuses.
Citons : armes et costumes de la tribu des Mân, près
du mont Bavi : sapèques de M. Lemire; et surtout la
riche collection d'objets d'art et d'archéologie annamite
(ou chinoise) de M. Dumoutier ; vases rares de pagode,
brûle-parfums, plateaux niellés ou émaillés,
bronzes curieux tels que le crapaud symbolique à trois
pattes, une théière en forme de poisson qui rappelle
l'art étrusque et deux aiguières qui, de l'Extrême-
Orient, nous ramèneraient plutôt en Orient.

Des pays mœuongs de la Rivière-Noire, M. Moulié a
envoyé un gong fondu en métal qui mériterait à lui
seul une monographie complète. Les grues ou ibis, les
personnages aux poses hiératiques et couverts de lourds
manteaux, semblent indiquer une réminiscence de l'ancienne Egypte, tandis que d'autres motifs de cette pièce
rare rappellent les dessins des Aztèques.

Dans une galerie sont des photographies et des modèles des bateaux à vapeur Marty et d'Abbadie, ainsi
que la carte des lignes desservies par cette Compagnie
de navigation fluviale, lignes qui comprennent tout le
delta tonkinois plus Vinh et Moncay. Plus loin, sont
les modèles variés de la batellerie indigène, depuis la

jonque-hôpital jusqu'à la forte barque qui, pour re-
monter le fleuve aux basses eaux, dressera ses deux
grands mâts accolés; les voiles déployées sur ces
échasses, recevront la brise qui souffle sur les berges.

Le génie militaire expose le plan en relief de Tuyen-
Quang où s'immortalisa Dominé, avec les constructions
récentes et des réductions de casernes.

Les artistes tonkinois ont dessiné un plan de Hanoï
et des cartes du pays donnant la représentation naïve
des personnages et des scènes qui frappent leur imagination, l'évêque bénissant ses ouailles aussi bien que
le photographe braquant son objectif.

De belles photographies sont étalées à côté de l'exposition scolaire de M. Dumoutier : d'autres photographies, celles de M\lles Lemire, sont réunies en al-
bums. Un peu partout, on a disséminé les bustes de
M. Raffegeaud, les aquarelles de M. Messier de Saint-
James, de M. Léofanti et les tableaux de M. Gustave
Roullet ; ces œuvres d'art, qui ont, pour la plupart, un
réel mérite, représentent des indigènes, des vues indo-
chinoises et reproduisent des scènes de la vie tonkinoise.

Terminons cette revue en appelant l'attention sur
une collection très laide, mais bien utile, et sur deux
flacons, insignifiants en apparence, mais instructifs,
le tout exposé par M. Chesnay. Un flacon nous donne,
claire, l'eau du fleuve prise aux basses eaux, et l'autre,
la même eau puisée à la crue et chargée d'une quantité énorme de matières vaseuses qui la rendent noire
en l'agitant.

C'est là le secret de la fertilité du delta tonkinois et
de ses empiètements continuels sur la mer. Quant à
l'affreuse collection, qui sera complétée sous peu, elle
réunit les produits de provenance européenne vendus
sur les marchés du Tonkin avec les indications de
poids, de longueur, des prix de vente et d'achat, en
gros et en détail. Là sont : fils et cotonnades anglaises,
bougies de Belgique, mauvaises lampes à pétrole, pen-
dules et réveils de facture grossière, affreux boutons
allemands, etc., horrible assortiment d'articles à bon
marché que nos négociants français ont à supplanter.

IV

CONCLUSIONS.

Le roi de l'Annam, l'administration du Protectorat et les diverses personnes que nous avons nommées sont les principaux exposants; sauf erreur, les étiquettes laissent à désirer en tant qu'indications. Les prix ne sont généralement pas portés. A part ces réserves d'ordre très secondaire et qui ne concernent que l'installation, d'ailleurs faite avec goût, nous devons reconnaître que cette exposition est pleine d'encouragement pour l'avenir. L'action des Européens dans le pays s'y montre déjà sensible. Pourtant il est à présumer que beaucoup de colons se sont abstenus; les expositions répétées fatiguent, et le Tonkin a eu récemment la sienne; de plus ces colons sont dans le pays depuis si peu d'années, et la sécurité, condition primordiale de tout progrès, n'y est pas encore complète.

Les races indigènes s'y montrent, une fois de plus, actives, industrieuses, souples, malléables, susceptibles d'éducation. Avec la justice de droit commun, il faut à ces populations l'ordre, la sécurité, des écoles pratiques, industrielles et artistiques, ainsi que la connaissance du français. C'est l'usage de notre langue qui couronnera et consacrera ces connaissances utiles, et qui liera sûrement et définitivement les sujets ou les protégés aux conquérants, dont ils deviendront peu à peu les concitoyens.

Ne voulant pas empiéter ici sur le terrain politique, bornons-nous à dire que, pour remplacer avantageusement les soldats et l'or que la France a trop prodigués en Indo-Chine, elle devrait n'y envoyer que de bons éducateurs (en tous genres. Les fonctionnaires doivent être faits pour la colonie) et non celle-ci pour eux.

En appliquant résolument ce principe d'un bon sens plus qu'élémentaire, en utilisant les éléments et les données favorables qui existent en très grand nombre, on arriverait à très bref délai, en deux ou trois ans, à ne plus demander un écu à la métropole et à poser solidement les bases d'une France asiatique qui, loin d'être une source de faiblesse, deviendrait un appoint de forces considérables pour notre Patrie.

Etienne AYMONIER.

CAMBODGE

Le royaume du Cambodge est situé entre 10° et 13° de latitude Nord, 101° et 104° de longitude Est (méridien de Paris). Il est borné au nord, par les royaumes de Siam et de Bassac; au sud et au sud-est, par les provinces françaises de Cochinchine ; à l'ouest, par le golfe de Siam, et à l'est, par des tribus sauvages, les unes indépendantes, les autres tributaires. De ce côté, les frontières n'ont jamais été nettement délimitées.

A l'époque de sa prospérité, le royaume Khmer s'étendait sur toute la Cochinchine et son influence était prépondérante au Siam. Attaqué par les Siamois et les Annamites, le Cambodge, en proie à des guerres intestines, devait succomber.

Originaires de l'Inde, les Khmers ont eu une civilisation très avancée, ainsi qu'en témoignent un grand nombre de monuments dont l'antiquité ne peut être exactement établie. Un spécimen de ces monuments, et non le moins remarquable, est la célèbre pagode d'Angkor Wat, dont une réduction figure à l'Exposition coloniale. L'ensemble de la tour figure la fleur de lotus épanouie portant à son sommet la quadruple tête de Brahma.

Dès notre arrivée en Cochinchine, le Cambodge sollicita notre protection. Des négociations habiles, conduites par le lieutenant de vaisseau Lespès ; permirent à l'amiral de la Grandière de signer le 11 août 1863, un traité qui plaçait tout le pays sous notre protectorat. Une nouvelle convention signée le 17 juin 1884 par M. Thompson, gouverneur de la Cochinchine, a encore

resserré les liens en élargissant l'action de nos résidents.

Une grande partie du Cambodge est des plus fertiles,
mais le manque de bras empêche de donner à l'agriculture tout le développement qu'elle comporte.

Ceux de nos nationaux qui y résident sont encore
fort peu nombreux et, faute de voies de communication,
les échanges commerciaux sont fort restreints. Il faut
espérer que notre administration s'attachera surtout à
développer les ressources du pays et à créer un courant
commercial, non seulement avec le Cambodge, mais
encore avec son voisin, le Siam.

La presque totalité de l'exposition cambodgienne est
due à M. Planté (Georges-Victor).

Parmi les objets usuels il y a divers instruments de
musique, flûtes, trompes de chasse en corne de buffle,
guitares, orgues laotiennes et un piano cambodgien.

Le Ministre de la Justice a envoyé de Phnom-Penh,
capitale du royaume, deux instruments de musique
cambodgiens à percussion.

Parmi les armes exposées, il y a des arcs avec flèches,
provenant soit du Laos, soit du pays des Moïs, des
lances, des poignards, des sabres dont l'un a une poignée d'argent ciselé.

Le Ministre de la Justice cambodgien a exposé un
fauteuil de cérémonie avec coussin et coussinet, ainsi
qu'un pupitre, l'un et l'autre à l'usage des bonzes. Le
docteur Hahn, attaché à la résidence de Phnom-Penh,
a exposé un très beau costume cambodgien.

Au point de vue de l'agriculture, le pays Khmer,
plus élevé et moins humide que la Cochinchine, est
moins propre que cette dernière à la culture du riz,
mais le sol fertilisé par les inondations est plus favorable aux autres productions agricoles.

M. Planté expose des décortiqueurs de coton et de
paddy (riz en paille), ainsi que des mortiers à piler le
riz; du coton et de la soie en bourre ou filée, du
chanvre, des cardeurs de coton, des dévideurs de soie
et de coton, des peignes de tisserand, des métiers à
tisser et des étoffes à dessins.

La culture du betel, plante formant la base de la

chique que les indigènes ont constamment à la bouche, est encore peu développée; de même que pour l'aréquier, le Cambodge est tributaire de la Cochinchine. Ces deux produits sont cependant de première nécessité aux indigènes. Par contre le tabac pousse dans tout le pays. L'exposition de M. Planté nous montre des boîtes à betel et des pipes de toutes sortes.

Des échantillons de bois montrent les productions forestières auxquelles il faut ajouter la cire végétale, la gomme-gutte et les laques.

Le gouvernement colonial de la Cochinchine, désireux de voir s'établir solidement la culture et l'exploitation de l'indigo par les procédés perfectionnés, a fait les plus grands sacrifices pour favoriser les essais Jusqu'à présent les résultats n'ont pas été tels qu'on pouvait l'espérer.

Les montagnes du Cambodge renferment plusieurs mines de fer exploitables; malheureusement le mauvais état des voies de communication et surtout la cherté du combustible (on manque totalement de charbon de terre) ont empêché jusqu'ici les exploitations sérieuses. Les Couïs, tribus sauvages demeurant au nord de Kompong-Soaï, à proximité des gisements les plus riches, sont les seuls, quant à présent, qui en aient profité.

Parmi les autres objets figurant à l'Exposition cambodgienne, il faut encore citer des bâts d'éléphant exposés par le gouverneur de Battambang et le ministre de la guerre de Phnom-Penh, un pavillon crématoire à l'usage du peuple envoyé par le ministre de la marine du Cambodge, et des barques, bateaux, jonques, pirogues de course, etc., exposés par M. Planté.

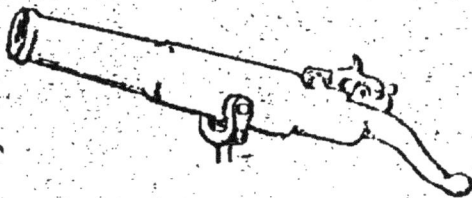

COCHINCHINE FRANÇAISE

La Cochinchine française qui forme l'angle sud-est de l'Indo-Chine, est comprise entre les 9° et 12° degrés de latitude Nord et les 102° et 105° degrés de longitude Est.

Sa superficie est de 9,770 kilomètres carrés ; sa population d'environ 1,812,000 âmes, dont 2,300 Français, 106 Européens étrangers et 55,000 Chinois.

Elle est politiquement constituée par six provinces enlevées à l'Empire d'Annam, celles de Saïgon, Mytho et Bien-Hoa en 1862, celles du Vinh-Long, Hatien et Chaudoc en 1868.

L'Administration française n'a pas cru devoir conserver l'organisation provinciale de l'ancien régime; elle a créé quatre circonscriptions qu'elle a subdivisées en arrondissements, au nombre de 21, régis chacun par un administrateur français ; par contre, elle a respecté l'autonomie communale trop ancrée dans les mœurs pour qu'on pût y toucher.

Le Gouvernement a ses pouvoirs contrôlés par un Conseil colonial composé de 10 Français et de 6 indigènes.

La Cochinchine est assurément la plus prospère de nos colonies, car elle paye tous ses services et contribue dans une large part aux dépenses faites pour le Tonkin; cette prospérité est due surtout à la ponctualité avec laquelle l'Annamite est habitué à acquitter l'impôt, lequel se solde en recette, bon an, mal an, par une somme d'environ 35,000,000 de francs.

* *

La maison orientale dans laquelle se trouvent exposés les produits de la Cochinchine, constitue un type parfait de l'architecture indo-chinoise.

C'est un devoir pour nous que de commencer cet article en adressant nos plus vives félicitations à l'architecte qui l'a construite, *M. Foulhoux*, chef des bâtiments civils de Saïgon.

Entrons maintenant dans le Palais annamite. Il se compose de trois grandes galeries, dont une faisant façade au fond de la Cour d'honneur et les deux autres formant les ailes sur les côtés de la même Cour.

Après avoir franchi le grand portail, pénétrons dans la galerie de gauche.

Ce qui frappe nos yeux tout d'abord, c'est un superbe mobilier de chambre à coucher, en bois noir incrusté de nacre, exposé par *M. Deschamps*, de Saïgon.

Il y a là un lit, une armoire à glace, un buffet, une table et un lavabo, qui excitent à juste titre l'admiration du public.

A part le lit, ce ne sont point des meubles faits pour l'usage des Orientaux, c'est l'adaptation de l'art décoratif annamite à la fabrication des meubles européens, mais comme cela est joli, habilement ciselé et incrusté !

A gauche de l'armoire à glace, on a placé un bahut annamite, également fait de bois noir incrusté de nacre, qui provient de la collection de *M. de Montaignac-Charance*, administrateur des affaires indigènes; celui-là est un des plus beaux spécimens du meuble essentiellement cochinchinois; c'est une sorte de commode, munie d'une multitude de petits tiroirs et de petits compartiments dont les Annamites, qui n'ont pas comme nous des garde-robes compliquées, aiment à se servir.

Ce mobilier est complété par quelques chaises et fauteuils à fond de marbre.

Les lits ont des fonds également en marbre ou en bois dur ; on n'y place généralement, en guise de matelas, qu'une simple natte en paille et on pose sa tête sur un de ces petits cubes recouverts d'étoffe rouge que vous voyez sur le lit de M. Paul Beer.

Dans la galerie centrale nous verrons tout à l'heure un autre lit sur lequel sont étendus deux petits matelas d'un genre inconnu dans nos parages ; c'est le raffinement de la civilisation européenne introduite chez les indigènes, mais si vous y regardez de bien près vous verrez que ces deux matelas ne sont faits ni de laine ni de crin, ils sont formés par la juxtaposition de larges baguettes de liège recouvertes d'un tissu de coton.

Il y a là aussi quelques plateaux en bois incrusté de nacre qui sont d'une finesse exquise, ils appartiennent également à *M. Deschamps.*

Sur la table du centre vous verrez un instrument qui sert aux Annamites à faire mécaniquement tous leurs calculs ; ils exécutent ainsi des opérations avec une rapidité dont nos meilleurs comptables n'ont pas idée en Europe.

Suivons maintenant le mur de la façade nord. Nous voyons d'abord la charmante exposition de *M. Rueff,* administrateur des Messageries fluviales de Cochinchine ; il nous montre les types des bateaux à vapeur dont le service relie entre eux les divers points de la Cochinchine à travers les milliers d'arroyos qui sillonnent la colonie et y servent de grandes routes.

La vitrine de M. Rueff est ornée d'une magnifique paire de défenses d'éléphant exposées par l'Annamite *Tran-ba-Loc,* personnage indigène auquel l'Administration française a conféré le plus haut titre de Mandarinat qui existe et que, de plus, elle a fait commandeur de la Légion d'honneur.

Nous voyons immédiatement après un grand lit laqué rouge et or, qui est si original qu'il a été acheté sitôt exposé ; ce lit est recouvert d'un tapis en plumes de paon qui est une véritable merveille.

Viennent ensuite : un modèle de la fabrique d'opium des Contributions indirectes, puis une collection d'insectes, fort appréciée des amateurs, et enfin de charmants *fac-simile* d'instruments aratoires indigènes tels que moulin à sucre, panier à battre le paddy, moulin à décortiquer, etc., etc., le tout est exposé par le *Service local,* c'est-à-dire par l'Administration du pays.

Tout autour des murs de cette galerie vous verrez suspendus çà et là, une quantité innombrable de petits tubes qui constituent la collection des principaux médicaments employés par les Annamites ; elle appartient au *Collège Chasseloup-Laubat* de Saïgon, qui s'en sert pour faire la leçon des choses, et nous prouve que la pharmacopée orientale n'a rien à envier à la nôtre.

Ne passez pas sans admirer maintenant l'exposition de la *Sœur Candide*, supérieure de la Sainte-Enfance de Saïgon, contenue dans la vitrine murale et sur un lit formant vitrine centrale qui lui fait face ; ces jolies layettes, ces robes de baptême, ces vêtements d'enfants ont été brodés par les petites filles indigènes qu'élève cette congrégation.

Cela montre encore une fois l'habileté de ce peuple, dont la patience ne trouve de rivaux que dans le Céleste Empire.

Deux superbes portières brodées d'or sont mêlées à l'exposition ci-dessus, elles appartiennent, l'une à l'Annamite *Nguyen van Lu* et l'autre à *Nguyen van Mai*.

Nous arrivons maintenant à une exhibition extrêmement originale dont nous félicitons le *service local* qui en a conçu l'idée.

Ce sont les cahiers de devoirs des élèves des diverses écoles de la Cochinchine ; il y en a là plusieurs centaines, et rien n'est plus intéressant que de les feuilleter, d'examiner comment écrivent, calculent et dessinent les jeunes Annamites auxquels nous donnons l'instruction européenne. L'intelligence et l'assiduité de l'écolier s'y lisent à chaque ligne.

Nous voici arrivés à l'angle N.-E. de la galerie et nous tournons à droite devant une nouvelle collection d'instruments aratoires exposés par les *Écoles de Bavia et de Soc Trang*.

Nous passons devant un arc et des javelots appartenant à l'Annamite *Phong Lao*, et nous nous arrêtons devant l'intéressante exposition de l'Annamite *Cao Thu-Lua* qui nous montre soixante-quatre assiettes de Paddy (c'est-à-dire de riz non décortiqué), récolté dans les environs de Go-Cong, le pays de production du meilleur riz de l'Indo-Chine et probablement de la terre.

Un lit de camp formé de deux énormes et lourdes planches et de deux tréteaux s'appuie contre cette exposition ; il a été envoyé par *M. Marquis*, de Saïgon, et c'est là le meuble véritablement indigène sur lequel les gens du peuple couchent la nuit, mangent et s'asseyent le jour ; suivant l'heure à laquelle on s'en sert, c'est à tour de rôle un lit, une table ou un sopha.

L'eau vient à la bouche devant la jolie exposition de MM. Abos, Laplace et C{io} de Saïgon. Ce sont des confitures et des conserves fabriquées avec les principaux fruits de la Cochinchine ; on y remarque, entre autres, des confitures de mangoustan, ce fruit spécial à l'Indo-Chine qui passe pour le meilleur de la terre et qui est le seul dont l'Impératrice des Indes n'ait jamais goûté, disent les Anglais, parce qu'on ne peut le conserver d'aucune manière.

Il est à regretter que MM. Abos, Laplace et Cie n'aient pas songé à augmenter leur exposition d'un grand nombre de petites boîtes de leurs produits qui auraient été mises en vente sur place pour une somme relativement modique ; beaucoup de gens en eussent acheté par curiosité et cela eût fait connaître, et peut-être même vulgarisé, en France, cette délicieuse confiserie exotique.

Examinons maintenant la face sud de la galerie en revenant vers l'ouest :

Sous une belle panoplie de têtes de buffle, de cerf, de caïman et d'éléphant, disséquées à la manière du pays, nous voyons un meuble annamite sculpté portant une jolie théière recouverte d'osier et une corbeille à fruit en cuivre, le tout envoyé par le *service local.*

Un peu plus loin, au-delà de la porte par laquelle on pénètre dans la deuxième galerie, se trouve une énorme vitrine contenant la collection des produits géologiques de la Cochinchine.

Le sol du pays étant constitué par les alluvions du grand fleuve Mé-Kong ne se compose, jusqu'à une profondeur insondable, que de vase et de terre végétale ;

les cailloux y sont donc rares et n'existent que dans les contrées qui confinent aux montagnes ; aussi est-ce Toy-Ninh et Bien-Hoa qui font les frais de cette collection.

En continuant vous admirerez une panoplie de tortues et d'objets en écaille exposés par *M. Jacquemin*, commis des postes et télégraphes, à Saïgon ; elle montre dans l'écaille un des produits les plus abondants de la Cochinchine.

Revenons maintenant vers l'est en examinant les objets placés au centre de la galerie.

C'est d'abord une première table étagère chargée de menus objets, tels que, boîtes, vases, statuettes, pièces laquées et dorées, etc., etc , provenant pour la plupart de la collection de *M. de Montaignac*, et parmi lesquels nous citerons une superbe cruche en terre cuite et surtout deux ravissantes boîtes à bijoux, exposées par le *Doc Phu Phuong* de Cholon.

Puis une table et des bancs en bois sculpté exposés par le *service local*, et une deuxième table étagère, semblable à la précédente et semblablement garnie. surmontée d'un très joli brûle-parfum en cuivre.

Vient ensuite une reproduction en miniature de la caserne d'infanterie de marine de Saïgon, exécutée de mémoire par un ancien caporal, *M. Pascal Bourdon*.

A côté de cette vitrine, un joli panier à linge fait par les prisonniers annamites dans la *prison centrale de Saïgon*.

En contournant l'exposition de la sœur Candide, on arrive devant une table qui offre un curieux assortiment fourni par le *service local* des modèles de tous les genres de navires qui servent aux Annamites.

En pénétrant ensuite dans la galerie centrale, on voit le pavillon chinois construit et exposé par *M. Gaston Push*, dessinateur des bâtiments civils, à Saïgon.

Tournez alors à gauche, et voyez deux boules en cuivre à jour qui sont des chaufferettes, objet peu usité dans un pays où la température descend rarement au-dessous de 30 degrés centigrades.

Viennent ensuite : un banc de bois incrusté de nacre ; de très jolis paniers appartenant a l'Annamite *Nguyen van Tu*; puis un nouveau lit qui contient un devant d'autel brodé et exposé par l'indigène *Nguyen van Ngu*; il se distingue des autres par la grande valeur de la moustiquaire de soie dont il est garni.

Enfin nous arrivons devant la travée centrale du Palais. Là on a disposé avec le plus grand art une chapelle qui contient tous les objets religieux en usage dans une pagode: autels, Boudha, lances et sabres de bois, mitres, crosses, etc., jusqu'à deux superbes grues sacrées et aux vêtements du Bonze placés à côté de deux défenses d'éléphant de dimensions colossales appartenant au Mandarin *Tran ba loc*; le tout est encadré par deux parasols religieux à broderies et par des devants d'autel brochés soie et or qui sont de toute beauté.

Le reste pâlit à côté de cela et un lit voisin se trouve complètement éclipsé; il contient un chapeau de femme annamite. Ces dames ne le revêtent que les jours de grande cérémonie et sortent presque toujours tête nue.

Vient ensuite un mobilier en osier exposé par le *service local* et fait dans la prison centrale de Saïgon.

Tournant maintenant vers le sud, vous n'avez plus à voir sur cette petite face qu'une collection de lances, sabres, chapeaux de soldat, etc., etc., appliqués contre la muraille.

En passant en face de la porte qui donne accès à la troisième galerie, regardez sur un lit cambodgien exposé par *M. Georges Smith*, un modèle d'une maison commune annamite; rien n'y manque, ni les lances de la garde de police communale, ni le tamtam destiné à donner l'alarme, comme chez nous le tocsin.

Tout à côté, un bahut annamite en bois sculpté est assurément un des meubles les plus charmants que l'on puisse rêver; il est surmonté d'un magnifique écran dont les incrustations de nacre représentent la cathédrale de Saïgon; le tout appartient à *M. l'amiral Duperré*.

Afin de ménager le coup d'œil du fond de cette galerie, on en a laissé le milieu bien dégagé et, seules, quelques petites vitrines horizontales ont été placées vers le côté ouest pour nous y montrer des spécimens de la bijouterie annamite fournis par le *service local*.

Ce sont des bracelets genre porte-bonheur pour les jambes et les bras, des colliers en ambre jaune, des bagues, des breloques, des bijoux en écaille et en jais, etc., etc. Bien que les bijoutiers orientaux soient restés bien en arrière de leurs confrères européens, leur industrie ne laisse pas que d'être florissante, car, lorsqu'une femme meurt, on l'enterre avec tous ses bijoux et cela entraîne naturellement un redoublement de consommation.

A voir encore dans la dernière vitrine une plaque en bois de santal sculpté.

Dans la première de ces vitrines, l'Annamite *Nguyen van Le* nous montre une collection de sapèques trouvés dans les fouilles de Hoc Môn.

Les sapèques annamites sont faits d'un alliage où le zinc et l'étain dominent, et il en faut six cents pour faire 1 franc. Ceux que nous montre Nguyen Van Le sont en cuivre, ce qui prouve que c'est de la monnaie chinoise.

On a accroché en l'air, le long du mur de cette façade, les grands parasols insignes du mandarinat.

Il ne nous reste plus à voir maintenant que la troisième galerie plus spécialement affectée à l'industrie de la colonie.

Le long de la face Est, on voit d'abord une bibliothèque de tous les livres publiés sur la Cochinchine ; elle est ornée d'un beau vase en bois de Trac, exposé par *Le Van Hue*.

Puis une nouvelle panoplie d'objets en écaille fabriqués à Hatien, par l'Annamite *Ho Van Ly*.

Une longue étagère supporte, ensuite, des bocaux contenant des produits du pays envoyés par le *service local*, entre autres : des farines d'arrow-root, d'igname, de riz et de sagou ; des graines de Tomboyot et de tabac ; du kakis sec, du dichvoa febrifuga pour la teinture en jaune ; des arachides envoyées par *M. l'administrateur Bas*; du bois de mu-quan et de la résine appelée chaï venant de Tayninh et de Baria.

Cette résine est extrêmement précieuse, car dissoute

sur le feu dans l'huile très siccative appelée Cau Daù, elle sert à coller les planches entre elles pour la confection des bateaux ; elle donne une si forte adhérence que, quand on veut séparer deux planches ainsi unies, on les casse plutôt à côté de la soudure.

En outre, nous voyons là trois expositions très intéressantes :

1° Celle de *M. Girard*, propriétaire, à Saïgon, qui exhibe l'excellent café que le pays peut produire et de superbes poivres noir et blanc récoltés sur ses propriétés ;

2° Celle de *M. Josselme*, qui s'est adonné à la culture du rocouyer et a fait une tentative des plus heureuses en extrayant d'une façon intelligente la matière colorante de la graine de rocou ; il expose ici et sa matière première et son produit fabriqué ;

3° Celle de *M. Pelleau*, de Bien Hoa, qui nous fait voir des vernis indigènes, les uns pour tableaux, les autres pour meubles, du miel, de la colle blanche et des peintures laquées noires.

Regardez ensuite un curieux Boudha à cheval sur un bouc, il est taillé dans une racine et appartient au *Doc Phu Phuong* de Cho Son. On l'a placé parmi des sabres qui coupent comme un rasoir. C'est avec ces instruments que, n'importe quel soldat annamite coupe une tête d'un seul coup.

Nous voici maintenant à l'angle sud-est devant la vitrine où *M. Pierre*, directeur du jardin Botanique de Saïgon, expose des racines de Rheum Pichonii des montagnes. Tournons à droite et longeons la face sud.

Sur une longue étagère nous voyons des cocons et des soies filées et tissées exposées par *M. Ponchon*, administrateur à Travinh.

Sur une étagère au-dessus, une curieuse collection des chaussures en usage dans le pays ; elles y sont à peu près toutes et il y a même une superbe paire de bottes de théâtre.

Enfin, après avoir passé devant un meuble nacré, sur lequel se trouve un plat de champignons de forêts exposé par *Le Van Hien*, nous arrivons devant la riche exposition de la *Rizerie Saïgonnaise*, société par actions formée pour le décorticage des riz de la Cochinchine, sous la raison sociale *Denis frères et C⁰*. Elle nous montre 65 bocaux de magnifique riz, et elle y a joint divers autres produits du sol, tels que poivre, lechis secs, graines de lotus, noix vomiques, bois de Sapan pour teinture, gambier, amidon et, enfin, du riz rouge, des soies grèges et des soies en pièces, les unes écrues, les autres teintes, provenant du Tonkin.

Une autre étagère est garnie d'instruments de cuisine et de ménage, parmi lesquels vous remarquerez: des fers à repasser formés de lourds récipients de cuivre dans lesquels on met de la braise; un lit en osier et en bambou dont les Européens aiment à se servir en Cochinchine. Il est recouvert d'une très belle peau de tigre et d'une peau de serpent que nous devons au *service local*.

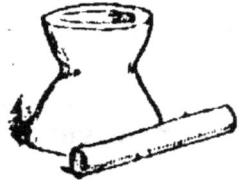

L'exposition de *M. le docteur Nation* nous montre de la résine, de l'huile de gurgun et des capsules remplies d'un baume fait avec cette matière; il y a joint de la mousse du Japon, cette gelose dont il suffit de 10 à 15 grammes pour faire prendre en gelée un litre d'eau bouillante après refroidissement, et deux colossales molaires d'éléphant.

Arrêtez-vous maintenant devant un lit annamite en bois de Gô sur lequel le *service local* a placé tout l'outillage d'un fumeur d'opium, pipe, lampe, décrassoir, etc., etc., ainsi qu'une boule d'opium brut tel qu'il arrive de l'Inde et de l'opium sirupeux fabriqué.

Au-dessus de cette exposition, vous remarquerez, accrochés au mur, deux dessus de porte sculptés et dorés qui font partie de la collection de *M. de Montaignac*.

A l'angle sud-ouest de la galerie, nous voyons un amoncellement d'objets du pays dont quelques-uns auraient mérité une meilleur place : ce sont des tissus de paille blanche pour la confection des voiles, des cordages en fibre de coco, de l'écorce de mau, de la ramie en lanières, des torches résineuses, des huiles tirées du cèdre luciana, de l'huile d'arachide et de coco, de l'huile de poisson pour l'éclairage, de l'indigo venant de Baria, de l'oléo résine de Dipterscarpus, et des petits balais d'arequier dont le manche et la crinière sont d'un seul morceau.

Contre le mur, une panoplie composée des principaux outils qu'emploient les menuisiers et les charpentiers annamites.

Au milieu de la petite face ouest, nous rencontrons une grande étagère chargée des intéressants produits ci-après :

Cire, tabac, résine, cannelle, vermicelle de patates, vermicelle de riz, gomme-gutte, curcuma, haricots du pays qui sont excellents et très bon marché (5 ou 6 sous le kilog.), coques de noix d'Arec, champignons de bois, macaroni fait avec de la farine de haricot, sucre brut, gousses de psovalea dont l'infusion est si efficace pour détruire la vermine, bougies de cire végétale, thé annamite, amidon de riz d'une éclatante blancheur, huile de Mu-u extraite d'un arbre, et enfin, au centre de l'étagère, l'exposition de la *Savonnerie Saïgonnaise*, fondée par *M. H. Deciso*.

M. Deciso trouverait certainement avantage à envoyer ses savons faire concurrence à ceux de Marseille sur les marchés européens, sans les droits de douane que les produits fabriqués de la Cochinchine ont à payer pour entrer en France ! !

A côté, nous voyons des savons chinois avec lesquels les Annamites se lavent la tête pour détruire les parasites.

Un peu plus à droite, dans l'angle nord-ouest se trouvent des spécimens de scies annamites.

Cheminons maintenant le long de la face nord de la galerie; nous y voyons :

Sur un lit annamite, des modèles de métiers à tisser, de dévidoirs et de rouets, et, parmi eux, un paquet de queues de rates et une très belle malle annamite en bois laqué rouge.

Puis deux importantes expositions :

1° Celle de la *Compagnie française de Saïgon pour le*

décorticage et le blanchiment du riz (usine à Kanhoï), qui exhibe six flacons et 8 sacs de riz, parmi lesquels la provenance de Go Cong tient le premier rang.

2° Enfin à quelques pas plus à droite :

L'exposition de *la Rizerie à vapeur de Cholon*, montrant quinze bocaux de magnifique riz de Go Cong.

De chaque côté sont placées deux toiles peintes appartenant à *M. Fonthoux* ; l'une, représente une réception du roi à Hué, l'autre, le cortège royal se rendant au champ des martyrs.

Enfin en retour, à côté de la porte par laquelle nous sommes entrés, se trouve une grande vitrine contenant des robes de soie, des soies grèges et tissées exposées par *M. Ponchon* et des fibres d'agave venant de *l'arrondissement de Lon Xugen*.

Examinons maintenant les objets exposés dans le milieu de la galerie.

Sur une table à étages figurent : 1° des statuettes et des sculptures coloriées représentant les trois actes d'une pièce de théâtre ; 2° un antique écran articulé garni de charmantes peintures sur pierre ; 3° une collection de granits d'Hatien, parmi lesquels figure un magnifique morceau de jais brut ; 4° un petit moulin à farine en pierre ; 5° des planches gravées de caractères chinois pour l'imprimerie des livres ; 6° les pinceaux et les encriers dont les Annamites se servent.

Au pied de la table deux gigantesques défenses d'éléphant, appartenant au mandarin *Tran ba Loc*.

Plus loin, une autre table étagère est chargée d'une centaine de litres montrant les alcools de riz produits par les vingt et une distilleries qui existent en Cochinchine.

Au-dessous, figurent des matières beaucoup plus intéressantes pour nous, poivre blanc, poivre noir cultivé par le pénitencier de l'île Poulo Condor, chaux de Baria d'une blancheur sans égale, vanille exposée par *M. Martin*, jardinier en chef du parc du gouverneur, sésame blanc exposé par *Tran tan Huc*, sésame noir, sangsues de mer, boules de levain pour faire fermenter coûtant à peine 50 francs les 100 kilos, sel des *Salines de Bàdong*, crevettes séchées au soleil, mets excellent dont les Annamites se régalent, etc.

Enfin, en dessous, le *Jardin Botanique* de Saïgon expose soixante-quinze types de bois de différentes essences, dont quelques-uns trouveraient en Europe un emploi très avantageux, entre autres le bois de *Bang lang nuoc*, bien supérieur au hêtre pour la fabrication des brancards et des voitures et le bois de *Long muc*, à la fois tendre et résistant, ce qui permet une sculpture facile pour la gravure et les cachets.

En avançant de quelques pas, on trouve la grande vitrine de *MM. Raffin frères et Dumarest*, tisseurs à Roanne (Loire), qui exposent les tissus qu'ils fabriquent spécialement pour l'Annam et le Tonkin, le Cambodge et la Cochinchine.

Il ne nous reste plus à voir dans la galerie que les objets accrochés aux colonnes, parmi lesquels six stores appartenant à *M. de Montaignac*, et la collection éparpillée des nombreux engins de pêche dont se servent les Annamites.

Enfin, en quittant l'intérieur du palais, vous admirerez, dans la cour, deux dessus de porte artistement sculptés, deux jolis dessus de jonque, une très curieuse brouette avec laquelle les indigènes portent des charges considérables, une voiture à buffle. Quatre grands rondins en bois, d'une seule pièce, de 1^m,30 de diamètre, destinés à faire des roues de charrette ou de charrue.

Tous les objets que nous venons d'examiner dans le palais ne sont pas seulement attrayants par eux-mêmes ; ils ont été placés et groupés avec tant d'art et d'intelligence par *M. Huytenart*, délégué de la Cochinchine à l'Exposition universelle, que si leur ensemble est de nature à charmer les yeux, leur classement, d'un autre côté, facilite singulièrement les recherches et les études.

Comme on le voit, les exposants ne sont pas très nombreux, mais la qualité compense largement la quantité.

Que les négociants et les industriels français aillent examiner en détail les produits que la Cochinchine offre à leurs regards; ils ne verront pas seulement des choses curieuses, mais aussi des richesses dont ils pourront profiter.

Donc rien n'est plus facile que d'utiliser les produits de cette belle colonie, qui n'attend qu'un peu de bienveillance de l'industrie française pour devenir vis-à-vis de la France ce qu'est l'Empire des Indes à l'égard de l'Angleterre.

Enfin, je ne veux pas terminer ce long chapitre sans dire quelques mots de la principale production du sol de la Cochinchine, le riz.

Comme goût, ce riz est le meilleur qui existe; il est petit de grain, mais gonfle à la cuisson et devient alors beaucoup plus gros que n'importe quelle sorte. En outre, il coûte bien moins cher que les autres provenances, puisque son prix ne dépasse pas 23 francs les 100 kilos, rendus franco dans un port français, et pourtant il ne s'en consomme pas du tout en France!!

Il faut voir la raison de cette anomalie dans la ridicule réputation que la malveillance des Anglais lui a faite de ne pas se conserver.

C'est une absurdité contre laquelle, plus que tout autre, je suis fondé à m'inscrire en faux; j'étais en effet administrateur des affaires indigènes à Mytho à une époque où nous percevions l'impôt en nature. J'avais donc la responsabilité d'immenses magasins où s'empilaient journellement des sacs de riz qui restaient là parfois pendant plusieurs mois; or je n'en ai jamais perdu un kilo autrement que par la voracité des rats, et cependant la contrée est si humide que les montres s'y arrêtent et que les allumettes n'y prennent pas feu.

D'ailleurs le riz de la Cochinchine se conserve parfaitement bien en Chine où il est exclusivement consommé. Pourquoi ne se conserverait-il pas en France?

L. DE RICAUDY.

GABON-CONGO

Le Gabon-Congo est situé dans l'ouest de l'Afrique équatoriale. Il s'étend sur la côte depuis la rivière Campo par 2° 20' lat. N., jusqu'à la rivière Massabe par 5° lat. S. De ce point, sa limite rejoint Manyanga sur le Congo, en suivant une ligne de faîtes ; elle est formée ensuite par le Congo et son affluent l'Oubangui. La superficie est un peu plus grande que celle de la France.

Le nombre des habitants européens est de quelques centaines ; celui des indigènes est inconnu, mais peu considérable. Tous appartiennent à la race nègre et parlent différents dialectes de la langue bantou.

La colonie du Gabon-Congo est formée de la réunion de l'ancien Gabon avec les territoires successivement désignés sous le nom d'Ouest Africain et de Congo Français. — Le chef de la colonie porte le titre de Commissaire général et a sous ses ordres un lieutenant-gouverneur chargé de le suppléer en cas d'absence ; sous sa direction des administrateurs coloniaux dirigent les différents districts.

Une station locale, composée de quelques petits bâtiments sous le commandement d'un capitaine de frégate, est chargée de protéger les côtes. Deux compagnies indigènes (tirailleurs gabonnais), encadrées par l'infanterie de marine, occupent les postes les plus voisins de la côte. Ceux de l'intérieur sont gardés par des miliciens.

L'Administration maritime et militaire est confiée au Commissariat de la Marine; l'Administration civile a un directeur de l'intérieur. De ce dernier relèvent les anciens fonctionnaires spéciaux au Congo Français. La justice est rendue au chef-lieu par un président de tribunal et un juge; dans quelques autres points par des administrateurs.

Deux évêques, l'un résidant à Libreville, l'autre à Loango, se partagent le territoire de la colonie au point de vue de la juridiction ecclésiastique. Une douzaine de missions succursales, appartenant toutes à la Congrégation du Saint-Esprit, en relèvent et sont disséminées dans le pays. Chacune de ces missions a des écoles subventionnées par la colonie.

La Société évangélique de Paris vient aussi d'envoyer récemment des instituteurs et des missionnaires protestants, et doit prendre la place occupée jusqu'ici par les Américains.

L'ancien Gabon avait des ressources propres fournies par un budget local, alimenté principalement par les douanes; ce budget était annuellement d'environ 600,000 francs Les marchandises françaises y subissent une détaxe de 60 %. Grâce à ce système protecteur, leur entrée dans la colonie, presque nulle autrefois, s'est considérablement accrue, et représente aujourd'hui un tiers de l'entrée totale, proportion qui ne fera qu'augmenter.

Tout récemment quelques condamnés annamites ont été dirigés sur Libreville. La mortalité assez grande au début paraît s'être arrêtée aujourd'hui. Ils ont déjà fait de grands travaux d'assainissement, et sont destinés à rendre les plus grands services à la colonie.

** *

L'exposition du Gabon-Congo se trouve presque entièrement dans le palais central des colonies, immédiatement en entrant dans l'aile gauche du palais. Cependant la première subdivision qui porte l'inscription *Congo* ne contient presque rien de ce pays, et c'est dans la deuxième (*Gabon*) au rez-de-chaussée, et dans la partie correspondante du premier étage, que se trouvent tous les produits de la colonie.

En examinant cette exposition, on est frappé tout d'abord de la très grande quantité d'objets d'ethnographie qui la composent. Si l'on consulte le catalogue, on n'est pas moins étonné de voir qu'il ne signale guère que ces objets répartis dans les différents groupes et classes. Sans les examiner en détail, contentons-nous de signaler les remarquables collections : 1° du service local du Gabon-Congo, désignées sous divers noms (Avinene, gouvernement du Gabon, gouvernement du Congo, service local, Passa-Alima) ; 2° de Mme Léona Pecqueur. Celle-ci est exposée dans un pavillon spécial lui appartenant ; 3° de M. Schlüssel, ingénieur colonial.

Ces collections comprennent les différents objets en usage chez les indigènes et fabriqués par eux, les fétiches et les statuettes les plus divers, les instruments de musique, la poterie primitive, les couteaux et les armes, les ornements, les instruments de travail, etc., etc.

Voyons maintenant les autres objets par groupes et classes.

CLASSE XI. 1er Groupe. Dans une vitrine placée au rez-de-chaussée se trouve une collection de dents d'éléphant sculptées appartenant à M. Couturier à Libreville. C'est l'œuvre d'indigènes de Mayamba et Loango. Ces sculptures sont assez grossières ; mais il semble que l'éducation artistique de ces indigènes pourra se développer au contact des Européens.

— Mme Pecqueur expose quelques défenses semblables dans son exposition particulière.

— Deux vitrines, situées au rez-de-chaussée dans la section Congo, contiennent des objets identiques appartenant à M. Conquy aîné, de Paris. Ceux-ci sont d'un travail plus fini que les précédents, mais semblent venir de régions au sud de la colonie française.

CLASSE VI. Le 2° Groupe contient des objets de couture exposés par les dames de l'Immaculée-Conception de Libreville, et de la cordonnerie exposée par Mgr Leberre, évêque des deux Guinées.

Ces objets, fort simples en apparence, présentent ceci d'intéressant qu'ils sont le résultat du travail d'enfants arrivés dans les missions à l'état complètement sauvage. Ils nous montrent quel parti nous pouvons obtenir des indigènes par l'instruction professionnelle.

CLASSE VII. Ouvrages en langue indigène par les missionnaires catholiques et protestants, vocabulaires, grammaires, etc. Ils servent à l'instruction des jeunes indigènes et aussi à celle des Européens qui veulent se familiariser avec la langue.

CLASSE VIII. Service local du Gabon, Mme Pecqueur. Collection de marchandises de traite. Il faut ajouter ici une exposition très complète, sous le nom de M. Dufourcq, agent commercial au Congo Français, de tous les nombreux échantillons des marchandises expédiées au Congo, et des récipients et emballages qui servent à les transporter. Cette exposition est située dans la galerie du premier étage. Elle comprend principalement des étoffes, des verroteries, des plats en cuivre, un assortiment des plus complets de parfumerie, des chemises de femme brodées, etc. Les dames du Congo sont-elles déjà arrivées à un pareil raffinement dans leur toilette ?

CLASSE XII. Dans la galerie du premier étage se trouve une intéressante collection de photographies du Gabon par M. Joaque, indigène. Elles sont malheureusement placées beaucoup trop haut pour être vues.

CLASSE XVII. 3e Groupe. Une table de salon en bois du pays, travail des apprentis de la mission catholique. C'est encore là un exemple de ce que l'on peut obtenir des indigènes et des résultats auxquels arrivent les missionnaires. C'est en même temps un échantillon de ce que l'on peut faire avec les bois du pays.

Il faut également citer ici deux pianos fabriqués avec des bois du Gabon par M. Mocheneaud, à Paris. Ces pianos, d'une belle exécution au point de vue meuble (comme instruments de musique, ils relèvent d'une autre classe), sont en bois de santal rouge extrêmement commun au Gabon, d'où il s'exporte comme bois de teinture. Il y aurait, sans doute, un excellent parti à en tirer pour l'ébénisterie parisienne.

CLASSE XXI. CLASSE XXIX. CLASSE XXXI. CLASSE XXXVI, 1° groupe. Exposition de différents produits tissés par les indigènes, nattes faites les unes avec des fibres de pandanus, d'autres avec des fibres de palmier, et servant soit de tapis, soit de vêtement. Corbeilles et paniers intéressants de Loango. Fils et pailles servant à fabriquer ces objets. Bonnets, flotes, etc.

Ces objets sont intéressants et pourraient s'exporter. Malheureusement, à mesure que les produits européens arrivent chez eux, les indigènes cessent leur travail propre, et il y a peu à espérer de ce côté.

CLASSE XLI. 6° groupe. Mme Pecqueur. Pierres (minerais). La colonie est assez riche en minéraux, anthracite, fer, cuivre, plomb, etc.; et il est regrettable que l'Exposition ne soit pas plus complète à cet égard.

CLASSE XLII. Mme Pecqueur expose les différents matériaux qui servent à la construction des maisons au Gabon. Celle qu'elle a fait construire sur l'esplanade des Invalides représente le modèle de la maison d'un indigène riche ou d'une petite factorerie. Les montants sont en bois coupé dans la forêt; de petites branches de raphia reliées entre elles par des cordes de rotin forment les côtés; la toiture en pailles de raphia cousues en forme de tuiles est supportée par de plus grosses branches du même raphia. Une verandah circulaire protège l'habitation contre l'ardeur du soleil.

CLASSE XLIII. Éperviers, filets, sennes. Mêmes observations qu'à la classe XXVI.

Cette classe contient, en outre, une série des produits commerciaux les plus importants du Gabon; en particulier, l'ivoire, l'écaille, les peaux, le caoutchouc, la cire, la gomme copal, etc.

Au rez-de-chaussée se trouve, sans nom d'exposant, une série de superbes défenses d'éléphant dont l'une pèse 70 kilogrammes. L'ivoire du Gabon est de première qualité et se vend sur les marchés d'Europe jusqu'à 30 francs le kilogramme. C'est un des principaux objets d'exportation. Des différents points de la colonie, depuis Campo jusqu'à Massabe, on en exporte annuellement de 80 à 100 tonnes.

Le caoutchouc est plus important encore. Il est de qualité très différente (voir rez-de-chaussée) suivant les parties de la colonie d'où il provient. Son prix varie en Europe de 2 francs à 5 francs le kilog.

L'écaille, les peaux, la cire (Mme Pecqueur) ont fait jusqu'ici l'objet d'un commerce insignifiant. Le nombre des tortues qui fournissent l'écaille est cependant assez grand, en particulier au Cap Lopez. Les forêts de l'intérieur contiennent de grandes quantités d'abeilles de plusieurs sortes qui pourront, dans l'avenir, donner matière à un commerce de cire d'une certaine importance.

La gomme copal dont des échantillons se trouvent au rez-de-chaussée et au premier étage n'est pas encore entrée définitivement dans le commerce du pays, bien qu'on la rencontre dans l'Ogooué et sur l'Alima.

CLASSE XLIV Le gouvernement expose plusieurs variétés de tabac provenant de diverses régions, particulièrement du pays des Batekes où il est cultivé par les indigènes. Bien que les procédés de préparation et de conservation soient des plus primitifs, ce tabac est d'une excellente qualité.

La mission catholique envoie des huiles de palme et de coco, qu'elle fabrique en assez grande quantité. Le prix des huiles de palme a considérablement baissé depuis quelques années, et ce commerce est devenu des plus précaires. L'huile de coco a un peu plus de valeur ; et le pays pourrait en fournir de grandes quantités, car le cocotier pousse merveilleusement au Gabon.

CLASSE XLV. Mme Pecqueur expose des torches faites avec la résine d'un bois appelé *ocoumé*. Cette résine répand un parfum plus agréable que celui de l'encens, et jusqu'ici inutilisé.

Mme Pecqueur et le gouvernement présentent de l'ouaye (*stropthantus glabre*). C'est le poison des Pahouins ; la médecine vient d'en trouver récemment un important emploi. Des cultures en sont faites au jardin botanique de Libreville.

4

CLASSE LV. Métiers à tisser. On trouve les mêmes entre les mains des indigènes Adoumas dont nous parlerons plus loin. Ceux-ci travaillent devant le public.

CLASSE LXIII. M. Schlüssel, brouette d'arpenteur. C'est un des nombreux systèmes de compteurs qui servent à mesurer la distance parcourue par une roue. Celui-ci contient, en outre, une boussole et un baromètre, qui permettent de constater la direction suivie et l'altitude.

CLASSES LXXII et LXXIII. 7e groupe. Mission catholique. Vanille, café, eau-de-vie de mangues. Ce sont là des produits de la plus grande importance pour l'avenir du pays, et qui prouvent ce qu'on en pourrait tirer avec un peu de travail. La vanille donne d'excellents résultats, le café également, si l'on sait choisir un terrain propice. Les manguiers, quoique importés, sont très nombreux, et donnent des fruits en abondance. Les missionnaires en tirent une eau-de-vie de bonne qualité, qui pourrait remplacer avantageusement les affreux produits qu'on importe sous ce nom.

— Dans les serres se trouve une extrêmement intéressante collection de plantes vivantes donnant des produits utiles. Cet envoi est dû à M. Pierre, le zélé et dévoué directeur du jardin botanique de Libreville, l'arbre à beurre de bassia djavi, le palmier à huile, le muscadier du Gabon, l'ébénier, le camwood, le santal rouge, la liane à caoutchouc, l'ouayo, l'erythroplœum, etc., etc.

On doit également à M. Pierre une série de graines, les unes provenant de plantes indigènes, les autres de plantes importées; toutes ces graines ont été obtenues dans le jardin de Libreville. Elles se trouvent dans des flacons au rez-de-chaussée. On y remarque différentes variétés de coton (le Géorgie à longue soie est d'une qualité remarquable et a été estimé 300 francs le quintal), plusieurs espèces de café dont une pousse à l'état sauvage, le riz, la coca, le strophantus, le rocou, le kola, l'owala, le dika, le ricin, un poivre (*piper clusii*) qui pousse à l'état sauvage, l'amidon de manioc, etc.

En dehors du catalogue, citons encore des photographies dues à M. Michaud, des dessins et pastels de M. Lœthier, une carte de Libreville et Loango par le service des ponts et chaussées, une collection d'insectes, etc., et surtout une superbe collection de bois, comprenant une cinquantaine d'espèces, dont l'ébène et le santal rouge sont seuls dans le commerce.

Enfin sur l'esplanade des Invalides sont installés deux villages indigènes, l'un, de construction loango,

habité par deux Loangos sculpteurs d'ivoire et par huit Okandos piroguiers; l'autre, de construction pahouine, habité par neuf Adoumas, piroguiers et tisserands.

— En résumé, si l'exposition du Gabon-Congo paraît peu importante au premier abord, elle fait voir néanmoins quelle grande variété de produits ce pays pourrait fournir. La paresse des indigènes est malheureusement un obstacle à tout développement. Cependant les produits naturels dureront peu. C'est par la culture seule que cette colonie peut se développer, et c'est vers l'extension de celle-ci que doivent tendre tous les efforts; mais il faudra de longues années avant d'arriver à un résultat. Il faudra agir avec prudence, avancer lentement de la côte vers l'intérieur, et ne pas compromettre l'avenir par des projets trop grandioses, voués d'avance à un échec certain.

LA GUADELOUPE

ET SES DÉPENDANCES

I. GÉNÉRALITÉS.

Le groupe colonial dont nous allons parler se compose de la Guadeloupe, de la Désirade, de Marie-Galante et des Saintes.

HISTORIQUE. — Découverte par Colomb, le 2 novembre 1493, la Guadeloupe fut occupée pour la première fois par des Français le 28 juin 1635. Ils débarquèrent à la Pointe-Allègre sous les ordres de Charles Lyénard, sieur de l'Olive, et de Jean Duplessis, sieur d'Ossonville, envoyés par la Compagnie des Iles de l'Amérique. En 1664, Louis XIV racheta la Guadeloupe et ses annexes aux propriétaires particuliers qui avaient succédé à cette Compagnie. Les Anglais s'en emparèrent en 1759, 1794, 1810 et 1815, mais la colonie nous fut restituée aux traités de Paris (1763), reprise après une lutte glorieuse en 1794, restituée enfin définitivement par les traités de 1814 et de 1815. Beaucoup d'autres tentatives furent heureusement repoussées, notamment en 1703, et l'histoire de la colonie compte, de ce chef, plus d'une page héroïque.

GÉOGRAPHIE. — 1° *Guadeloupe*. L'ile de la Guadeloupe fait partie des petites Antilles. Elle est située entre 15° 57' et 16° 31' de lat. N. et entre 63° 32' et 61° 9' de long. O. A proprement parler, la Guadeloupe est formée de deux iles séparées par un étroit bras de mer, la

Rivière-Salée. La partie placée à l'ouest de ce canal est la *Guadeloupe proprement dite* d'une superficie de 94,631 hectares; l'autre partie s'appelle la *Grande-Terre*, d'une superficie de 65,631 hectares en y comprenant l'îlot de la *Petite-Terre*. La Guadeloupe est occupée par une chaîne de montagnes assez élevées (Morne-Gourbeyre, 1480 m.; volcan de la Soufrière, 1484 m.); la Grande-Terre n'offre que des collines sans importance. Des nombreux cours d'eau de l'île, deux seulement sont navigables aux barques et pirogues, la Goyave et la Lézarde. La canalisation de la Rivière-Salée, qu'un savant hydrographe, M. Ploix, évalue à 2,500,000 francs, et l'amélioration du port de Pointre-à-Pitre, augmenteraient grandement l'importance de la Guadeloupe, déjà favorisée par sa situation sur la route qui mène à Panama

2° *La Désirade.* Cette île d'une forme étroite et longue est située entre 16° 57' et 16° 31' de lat. N. et entre 63° 32' et 64° 0' de long. O. Sa circonférence est d'environ 22 kilomètres; sa superficie de 2 720 hectares. Une chaîne de mornes, taillés à pic vers l'Est, la parcourt dans toute sa longueur.

3° *Marie-Galante.* D'une circonférence d'environ 80 kilomètres; d'une superficie de 15,927 hectares, l'île Marie-Galante est située entre 15° 53' et 16° 1' de lat. N.; 63° 31' et 63° 39' de long. O. De forme circulaire, elle est traversée par la *Barre de l'Île*, chaîne de collines d'environ 200 mètres d'altitude.

4° *Les Saintes.* Ce groupe d'îles, dont les cinq principales sont: *Terre-d'en-Haut, Terre-d'en-Bas, Grand-Îlet, la Coche, Îlet-à-Cabrit*, est situé par 15° 54' de lat. N. et 64° 1' de long. O. Sa superficie est de 1422 hectares. Il forme une excellente position militaire.

5° *Saint-Martin.* Nous ne possédons que les deux tiers de l'île au N.-O. Le reste appartient à la Hollande. Cette île est située par 18° 4' de lat. N. et 65° 25' de long. O. La superficie de la partie française avec l'îlot Tintamare sur la côte N.-E. est de 5.177 hectares.

6° *Saint-Barthélemy.* Cette île, située par 17° 55', 35' de lat. N. et 65° 10' 30" de long. O. a appartenu à la France jusqu'en 1784. Cédée alors à la Suède, elle nous

4.

a été rétrocédée en 1877. Sa circonférence est d'environ 28 kilomètres. Sa superficie de 1,110 hectares.

La population totale de la Guadeloupe et de ses dépendances atteignait, au 31 décembre 1887, le chiffre de 182,188 habitants,

ADMINISTRATION. — La colonie est administrée par un gouverneur qui préside le Conseil privé composé avec lui du directeur de l'intérieur, du procureur général, du chef du service administratif, de deux conseillers titulaires, de deux conseillers suppléants et d'un secrétaire-archiviste. Les onze cantons nomment trente-cinq conseillers généraux. La représentation au Parlement est assurée par un sénateur et deux députés.

AGRICULTURE, COMMERCE ET INDUSTRIE. — La grande culture de la Guadeloupe est la canne à sucre qui y a été plantée dès 1644. Depuis 1790 la seule variété cultivée est la canne de Taïti. Viennent ensuite le café, le cacao, le manioc et les plantes dites *vivrières*, bananes, ignames, madères, maïs, malangas, patates, pois, etc. Voici d'après les statistiques coloniales officielles, publiées en 1888, le tableau du nombre d'hectares, d'habitations et de travailleurs employés aux différentes cultures.

CULTURES.	NOMBRE D'HECTARES EN CULTURE.		HABITATIONS RURALES.	TRAVAILLEURS.
Canne à sucre............	22,058 h.	50 a.	811	40,677
Caféiers.................	3,540	50	932	6,021
Cotonniers..............	197	63	184	650
Cacaoyers...............	979	50	131	565
Poivriers, girofliers et autres épices...........	»	»	45	»
Tabac....................	30	75	7	85
Rocouyers...............	637	00	46	1,221
Fourrages...............	»	»	62	»
Fécule de dictame.......	20	00	»	»
Ramie...................	11	00	»	20
Ananas..................	278	00	42	436
Plantes vivrières........	13,120	00	4,995	21,554

La culture de la canne à sucre subit une crise, à la Guadeloupe comme ailleurs, par suite de la concurrence des sucres de betterave et aussi de causes d'un autre ordre. La colonie lutte cependant vigoureusement. « Comme à la Martinique, dit M. de Lanessan, une vingtaine d'usines centrales ont été créées à la Guadeloupe et y rendent les mêmes services. Sur la Grande-Terre, la nature du terrain a permis à ces usines d'avoir facilement recours aux petits chemins de fer à voie étroite qui vont au centre des propriétés recueillir la canne au grand bénéfice du propriétaire et de l'usine. La plus remarquable de toutes ces usines est celle qui est bâtie sur la propriété dite d'Arboussier, dans le voisinage de la Pointe-à-Pitre. Tous les progrès et toutes les commodités ont été accumulés pour en faire le plus bel établissement de la colonie[1]. » La production en sucre (sucre d'usine et sucre brut) s'est élevé, en 1887, à 48,906,935 kilos. La récolte en canne à sucre avait encore fourni 7,086,816 litres de sirop et mélasse, et 3.814,766 litres de tafia.

Le café a subi également une crise, par suite de la maladie des caféiers. La colonie en a cependant produit, en 1877, 579,264 kilos.

La culture du manioc s'est au contraire développée.

La Guadeloupe en a produit, en 1877, 45,249,813 kilos, d'une valeur nette de 2,009,362 fr. 60 c.

En dehors des industries agricoles, la Guadeloupe ne compte que quelques tanneries, chaufourneries et poteries. Il faut citer aussi les salines de Saint-Martin.

La Guadeloupe a exporté en France, dans l'année 1887, pour 20,923,216 francs de produits. C'est à ce point de vue la première de nos colonies après la Réunion. Elle a importé de France pour 9,391,121 francs de produits, chiffre relativement égal à celui des produits importés de l'étranger pendant la même période, 9,012,200 francs. Le total général de son commerce a atteint 42,716,037 francs.

---

[1] *L'Expansion coloniale de la France*. Paris, Alcan, 1886, in-8°, p. 186.

II. EXPOSITION.

L'exposition de la Guadeloupe ne figure pas avec celle des autres colonies françaises. Elle a été installée en face le guichet Saint-Dominique, dans un pavillon dont la simplicité ne manque pas de charme et qui est un type fort bien conçu de maison coloniale, exposé par M. Lelubey. L'ajourement du soubassement et de la partie supérieure des murs, la vérandah de deux mètres de largeur et munie de stores qui entoure complètement la construction, assurent le maximum d'aération et de fraîcheur, et protègent contre l'humidité. Le soubassement est garni d'arbustes bordés d'un rang de coquillages, et l'ensemble de la décoration extérieure est d'une agréable tonalité claire.

Si nous parcourons d'abord la vérandah, nous y voyons d'intéressants échantillons de bois du pays, acajou brut, magnolia, mancenillier, etc. ; des tiges de fougères, dont quelques-unes ont servi à construire des vases à fleurs, plus curieux par leur matière première qu'élégants par leur forme ; des nasses de mer et filets pour la pêche. Sur la partie de la vérandah qui fait face au guichet Saint-Dominique, le sous-comité de Pointe-à-Pitre a exposé un spécimen de canot, dit *Gommier*, avec son gréement. Signalons encore un échantillon de la liane à eau, et pénétrons dans l'intérieur par la porte d'entrée qui fait face à la Seine. Nous sommes d'abord frappés par la sobriété élégante de la décoration générale. Les murs sont tendus en étoffes du pays, de couleur claire, ornés de tableaux coloriés représentant des plantes et des fruits indigènes, et de trophées d'antiquités caraïbes en pierre.

Le panneau à droite de la porte d'entrée est occupé presque en entier par la grande carte de la Guadeloupe, dressée par M. Alsaini, sous la direction de M. Aubin. Au-dessous, un tonneau de rocou en pâte (exposant : M. Rollin) ; des hibichets et sacs à presser le manioc ; dans le coin, une vitrine contenant des coiffures de créoles envoyées par le sous-comité de l'Exposition.

Le panneau qui suit et qui fait face à l'allée centrale des Invalides est occupé presque en entier par deux grandes vitrines. L'une est garnie de la superbe exposition de cacaos et cafés du sous-comité de la Basse-Terre, de M. Maurice Cabre, etc.; de rabots, poulies, plateaux, nécessaires de fumeurs en bois du pays (mahogany, mancenillier, noyer, etc.), exposés par le sous-comité de Marie-Galante. L'autre est occupée par la suite des cacaos et cafés du sous-comité de Basse-Terre, ceux de M. Nicolas Sorret, etc., et par des corbeilles et chapeaux en paille, des objets d'étagères en graines végétales. A côté de ces vitrines, on remarquera encore des calebasses clissées et des cocos pour puiser l'eau; un album de très intéressantes photographies exposées par le comité de Basse-Terre; des chaises d'enfants exposées par le comité de Pointe-à-Pitre, et les cuirs de M. Colardeau.

Deux vitrines sont également placées de chaque côté de la porte de sortie. Après avoir vu les cires d'abeilles, les cordes en parata et en mahot exposées par le comité de Pointe-à-Pitre, nous admirons dans l'une des poupées habillées, des étoffes et des éventails exposés par M. Ducorps, et de remarquables échantillons des produits de la colonie. Ce sont des vanilles (exposants : MM. Grellier, Brice-Boulogne, Louis Cabre, Nicolas Sorret, etc.), des sucres (exposants : MM. Gérard frères, Duchassaing, Brice-Boulogne, Souquez et Cⁱᵉ, le Crédit foncier colonial, etc.), des cafés, des cacaos, des graines de rocou. L'autre vitrine est garnie par l'admirable herbier de M. Mazé, la collection d'insectes de M. Fleutiaux, les mélodies créoles de M. Rembielinski, l'exposition d'imprimés et de reliures de l'Imprimerie du Gouvernement. A côté, signalons des échantillons de ramie, une collection des coquilles fossiles de la Grande-Terre, et des corbeilles en bois du pays et en tige de fougère exposées par le sous-comité de Basse-Terre.

Le panneau parallèle au guichet Saint-Dominique est également occupé par deux vitrines. La première contient la belle collection d'oiseaux du musée L'Herminier. Des chaises de dames et des gousses de wa-wa, exposées par le sous-comité de Pointe-à-Pitre, la séparent de la seconde. Celle-ci renferme l'exposition de conserves et produits alimentaires de M. Léo Rous, et aussi les tabacs envoyés par le sous-comité de Pointe-à-Pitre, les appétissants cigares de M. Laporte et de Mme Célina Grocé. Le coin est réservé aux robes de créoles exposées par le sous-comité de Pointe-à-Pitre.

Nous revenons alors à la porte d'entrée en remarquant les sangles pour selles de M. Loubis ; les hibichets et sacs à presser le manioc, du comité de Pointe-à-Pitre.

Examinons maintenant la partie de l'Exposition qui occupe le centre du pavillon.

A droite et à gauche de la porte d'entrée, deux vitrines renferment des antiquités caraïbes, haches et outils en pierre, dont on remarquera l'analogie de formes avec certains types préhistoriques européens.

Entre ces deux vitrines, et en face de la porte d'entrée, une statue de M. Arthur Durand est adossée à la vitrine centrale. Elle représente un nègre aiguisant son couteau, et est entourée d'une décoration originale formée de tiges de canne à sucre et de graines de courbaril.

Examinons maintenant la grande vitrine centrale, flanquée à droite et à gauche des harnais très soignés de M. Colardeau. Le dessous est occupé par de nombreux échantillons de produits coloniaux, jante de roue en bois de galba, encens blanc, minerais de fer, phosphate d'alumine, coquillages, cannes en bois du pays, paniers en lianes, etc.

Au-dessus se trouve l'exposition de la maison Decauville qui a exposé, à une échelle réduite, un modèle des chemins de fer à voie étroite qui sont employés à la Grande-Terre pour l'exploitation de la canne à sucre. Une exposition très complète de tafias, rhums et autres liqueurs coloniales, est groupée autour de la réduction des appareils Decauville.

Enfin, adossée à la vitrine centrale et faisant face à la porte de sortie, on fera bien d'étudier une collection très remarquable et disposée avec beaucoup de goût des monnaies et coupons de billets de banque de la Guadeloupe. Elle est exposée par M. Zay, l'érudit bien connu en matière de numismatique coloniale.

En résumé, la Guadeloupe a eu une idée heureuse en faisant ainsi à part l'exhibition de ses produits. Son exposition, disposée avec une sobriété de bon goût, est claire, facile à étudier, et elle donne la meilleure idée des ressources et de la situation de la colonie.

Louis FARGES.

LA GUYANE FRANÇAISE

I. GÉNÉRALITÉS.

La Guyane française est située dans la partie de l'Amérique méridionale comprise entre l'Orénoque et l'Amazone, entre 2° et 6° de lat. N. et 52° et 57° de long. O. Elle est bornée au nord et à l'ouest par la mer ; à l'est par la Guyane hollandaise ; au sud par le Brésil. De ce côté s'étend un vaste territoire, contesté entre le Brésil et la France par suite d'une différence d'interprétation du traité d'Utrecht (1713).

HISTORIQUE. — Découverte par Christophe Colomb à son troisième voyage (1er août 1498), la Guyane fut abordée pour la première fois par des Français en 1604. Ils y fondèrent Cayenne en 1631. Occupée par les Hollandais en 1654 et 1676, par les Anglais en 1667 et 1808, la Guyane nous a été restituée définitivement aux traités de 1814 et 1815.

GÉOGRAPHIE. — Les côtes de la Guyane, formées de vases où croissent des palétuviers, sont indéterminées et mouvantes, mais le sol s'élève à mesure qu'on pénètre vers l'intérieur. A la région des savanes succède la région des forêts, qui se relève encore dans le massif montagneux du Sud-Est et la Sierra Tumuc-Humac. De ces hauteurs descendent vers la mer vingt-deux cours d'eau dont les plus importants sont : le *Maroni*, qui sert de limite avec la Guyane hollandaise ; le *Mana*, le *Sinnamary*, le *Cayenne*, l'*Approuague*, l'*Oyapoc*, qui sert de limite avec le territoire contesté. La description suivante, que nous empruntons à M. Coudreau, donne, sous une forme aussi colorée que précise, une idée du paysage guyanais : « Dans les profondeurs de cette immense forêt vierge qu'on appelle l'Amérique équatoriale, au sein de cette région des ombrages éternels, où la chaleur humide compose et décompose incessamment mille espèces végétales et animales inconnues, le voyageur étonné arrive parfois, après que les heures ont succédé aux heures dans son voyage, à de grandes étendues gazonnées, vides d'arbres, pleines de brise, de lumière et d'horizon. C'est la Prairie. La terre y est sèche et rocailleuse, la nuit presque froide, le soleil de midi très chaud. Des broussailles qui vivent çà et là, des palmiers qui se sont mis en rang sur les bords des ruisseaux, de hautes montagnes boisées dont les lignes bleuâtres estompent l'horizon lointain, de majestueuses roches nues, noires et brûlantes sous le ciel enflammé : toutes ces beautés reposent l'œil du voyageur, fatigué de cet interminable bois obscur, puant, monotone et triste qui pesait si lourdement sur la respiration et la pensée. Il faut avoir marché des jours après des jours, des semaines après des semaines, des mois après des mois, dans le sentier douteux de l'Indien, au sein des profondeurs mystérieuses des forêts de la Guyane, pour comprendre la différence inexprimable qui existe entre ces deux mondes si voisins, celui de la Prairie et celui de la Forêt. Le soleil et la lumière réjouissent le cœur de l'homme. Mais comment dépeindre la tristesse qui nous envahit dans ces grands bois sinistres, muets le jour et horriblement bruyants la nuit, que le soleil n'a jamais pénétrés, où les sentiers sont des coups de sabre donnés dans les arbres, où l'on marche vite, courant derrière des guides eux-mêmes assombris, étant comme un vaincu et un prisonnier entre les rangs pressés de l'armée immobile et innombrable de géants végétaux ? Jamais mes sauvages n'entraient dans la prairie sans pousser des cris de joie, sans entonner quelque chant mystique de reconnaissance et d'allégresse [1]. »

[1] H. Coudreau, cité par de Lanessan, *L'Expansion coloniale de la France*, p. 690.

Les essais de colonisation tentés à la Guyane ont en général peu réussi. Cette colonie serait à tort considérée comme une *colonie de peuplement*; c'est au plus haut degré une colonie d'exploitation. La population n'était au 31 décembre 1887 que de 25,796 individus, dont 2,530 Européens.

ADMINISTRATION. — La Guyane est administrée par un gouverneur qui préside le Conseil privé composé sous lui du directeur de l'Intérieur, du directeur de l'Administration pénitentiaire, du chef du service judiciaire, de deux conseillers privés, de deux conseillers suppléants et d'un secrétaire-archiviste. Il est assisté d'un Conseil général de seize membres. La représentation au Parlement est assurée par un député.

Il y a naturellement un nombreux personnel pour le service de l'Administration pénitentiaire et des trois principaux établissements de cet ordre aux îles du Salut, au Maroni et à Kourou.

AGRICULTURE, INDUSTRIE ET COMMERCE. — La principale richesse de la Guyane ce sont ses forêts, mais le manque de facilité de transports et aussi l'absence de travailleurs est un grand obstacle à leur exploitation. Elle semble promettre cependant de très beaux résultats. Quant aux autres cultures, elles ne subviennent même pas aux besoins de la population. Voici la statistique des cultures pour l'année 1887 d'après les documents officiels.

CULTURES.	NOMBRE D'HECTARES EN CULTURE.
Canne à sucre.	42
Café.	203
Cacao.	375
Rocou.	345
Cocotiers.	16
Carapas et autres graines oléagineuses.	247
Fourrages.	145
Riz et autres plantes vivrières.	1,818
TOTAL.	3,093

Pour ces cultures, 1,166 habitations rurales n'employaient que 1,000 travailleurs. On comprend combien peu d'importance doivent avoir, dans ces conditions, l'industrie et le commerce de la Guyane. Ce dernier s'est élevé en 1887 à 13,933,154 francs dont 5,887,175 francs d'importations de France dans la colonie et 5,114,417 francs d'exportations de la colonie en France.

II. EXPOSITION.

L'exposition actuelle de la Guyane est placée dans l'aile gauche du palais des colonies, première travée à droite, rez-de-chaussée et premier étage.

Sur les étagères occupant le centre de la salle, parmi les échantillons du Rhum Hurard de la Martinique, se voit d'abord une collection de bois exposés par la colonie pénitentiaire du Maroni. Les essences y sont très variées; nous citerons : macaque, panacoco, muho, couatari, bois de rose, mantouchi, parcouri, bois divin, cèdre bagasse et cèdre blanc, jaune d'œuf, boco gris, gris-gris marbré, copahu, bagata rouge, acajou, carapa, et awari.

De magnifiques échantillons de bois, à l'état brut ou travaillé, sont encore exposés par la maison Laurenger de Lille. En dehors des essences précédemment citées, nous signalerons leurs bois de Saint-Martin rouge et blanc, wacapou, caligny, préfontaine, amaranthe, yayamadou, angélique, bois de zèbre, cœur de bras, ébène verte soufrée, rose femelle, cèdre rouge et noir, coupi rouge. Il faut également remarquer leurs objets divers en bois, utilisés dans les tissages de toile et dans les filatures du nord de la France. Dans une vitrine à côté de l'exposition Laurenger, l'administration pénitentiaire a réuni des poupées habillées, des tissus et étoffes et différents objets à l'usage des transportés.

En face de l'étagère centrale et au fond de la travée, l'administration pénitentiaire a exposé des échantillons de menuiserie et de bois, des rhums, des tafias, des amers, de la liqueur apéritive appelée pareira brava, des potiches indiennes du Maroni, du conguéricou sous ses diverses formes, des tiges de carica papaya et du suc desséché de papayer. Au-dessus, sont appendues au mur de grandes et belles peaux de serpent, des coiffures, des chapeaux et des éventails en paille ou en roseau.

A droite de cette étagère une vitrine contient plusieurs peaux de panthère ou plutôt de jaguar, dont la plus grande est malheureusement un peu détériorée. Un serpent, des singes, des pacas, d'autres animaux empaillés y constituent un essai de représentation de la faune guyanaise. On y voit enfin d'autres échantillons de bois et de menuiserie.

Au centre de la travée, deux élégantes vitrines attirent surtout les visiteurs. C'est l'exposition de la société des gisements d'or de Saint-Élie. L'une des vitrines est surmontée d'un cadre contenant des photographies fort intéressantes sur l'organisation d'un placer et le traitement du précieux minerai. Au-dessous on a figuré, au milieu d'échantillons de quartz, un chantier de lavage des terres aurifères. On remarquera dans cette vitrine des noyaux d'avocatier silicifiés, trouvés sous la couche aurifère mêlés à des débris de poterie et un nid de mouches « Chapeau » trouvé dans les bois avoisinant le placer. L'autre vitrine contient, très élégamment et habilement disposés, des échantillons de pépites et poudres d'or.

Au premier étage, la maison Laurenger de Lille a encore une magnifique exposition. On y remarquera son plafond à caisse, ses parquets massifs, ses parquets en marqueterie, etc. Enfin, un grand nombre de produits de la Guyane se trouvent dans les objets fournis par l'Exposition permanente des colonies.

Ajoutons encore qu'un pavillon spécial pour la Guyane est en cours de construction à côté de la pagode d'Angkor et du Kampong javanais, et que l'établissement de la Montagne d'argent débite, à deux pas du palais des colonies, des produits comestibles de la Guyane, entre autres le *Cachiri* et le *pareira braca*.

INDE FRANÇAISE

L'Inde française est constituée depuis les traités de 1814 et 1815 par les établissements et territoires suivants :

1° Dans le Goudjerate : la *factorerie de Surate* ;

2° Sur la côte de Malabar : *Mahé* et son territoire ; la *loge de Calicut* ;

3° Sur la côte de Coromandel : *Karikal* et *Pondichéry* avec leurs dépendances ;

4° Sur la côte d'Oriza : la *loge de Masulipatam* ; *Yanaon* et ses dépendances ;

5° Au Bengale : *Chandernagor* et ses dépendances ; les *loges de Balassore, Cassimbazar, Dacca, Jougdia* et *Patna.* La superficie de nos possessions est de 50,803 hectares, renfermant, en 1887, 279,066 habitants.

I. GÉNÉRALITÉS.

HISTORIQUE. — Les premiers essais d'établissements français dans l'Inde remontent à 1604. A la suite des efforts de *Richelieu* (1642) et de *Colbert* (1664), nous parvînmes à prendre pied dans la Péninsule. L'habileté d'hommes tels que *Caron* et *François Martin* au XVII° siècle ; *Lenoir, Dumas, La Bourdonnais* et surtout *Dupleix* dans la première moitié du XVIII° siècle, faillit nous y donner un grand empire. Mais l'abandon de Dupleix par la métropole (1753), ne put être réparé ni par *Lally-Tollendal* (1761), ni par les succès de *Bussy* et de *Suffren* (1782). Le traité de Versailles (1783) ne nous laissa que nos possessions actuelles, qui, perdues sous la Révolution, ne nous furent rendues au traité

d'Amiens (1802) que pour retomber au pouvoir des
Anglais pendant les guerres de l'Empire et nous être
restituées définitivement en 1814 et 1815.

GÉOGRAPHIE. — 1° *Surate.* La factorerie de Surate
est située dans la ville de ce nom par 21° 11' de lat. N.
et 70° 16' de long. E. Elle est louée à l'administration
anglaise pour la somme de 2,000 francs.

2° *Mahé.* — *Calicut.* — Mahé est situé par 11° 42' 8"
de lat. N. et 73° 12" 23 de long. E. La ville et son territoire comprennent une superficie de 5,909 hectares, sur
la rive gauche et près de l'embouchure de la rivière de
Mahé. Les aldées ou villages français sont séparés de
la ville, à laquelle ils sont reliés par une route. La population totale s'élevait au 31 décembre 1887 à 8,753
habitants. La loge de Calicut est située dans la ville
indo-anglaise du même nom à 13 lieues S.-S.-E. de
Mahé. On appelle loge une habitation avec terrain ad-
jacent où la France a le droit de faire flotter son pavillon et d'établir des comptoirs.

3° *Karikal.* — *Pondichéry.* — Karikal, ville et territoire,
se trouve dans la province de Tanjaour, près de l'embouchure du Cavery, par 10° 55' de lat. N. et 77° 21' de
long. E. La totalité du territoire forme trois communes,
Karikal, La Grande-Aldée et Nédouncadou, comprenant ensemble 110 aldées, ayant une superficie de
13,515 hectares et une population de 91,752 habitants.

Pondichéry, dans le Karnatic, par 11° 55' 11" de lat. N.
et 77° 31' 30" de long. E. est la capitale des établissements français dans l'Inde. Son territoire, d'une superficie de 29,069 hectares, est divisé en quatre communes,
Bahour, Oulgaret, Pondichéry et Villenour, comprenant 93 aldées principales et 111 villages secondaires ;
avec une population de 118,862 habitants.

4° *Masulipatam.* — *Yanaon.* — La loge de Masulipatam,
située dans cette ville par 15° 10' de lat. N. et 78° 48' de
long. E., comprend : 1° la loge proprement dite dans
la ville même ; 2° l'aldée de Francepett à 3 kilomètres
au N.-O. ; 3° deux terrains habités par environ deux
cents Indiens. Yanaon est situé dans la province de
Golconde par 16° 43' de lat. N. et 80° 5' de long. E. non
loin de l'embouchure du Godavery. La superficie de la

ville et de son territoire est de 4,429 hectares renfermant 4,243 habitants.

5° *Chandernagor.* — *Loges du Bengale.* — Chandernagor est placé sur la rive droite de l'Hougly, à 7 lieues au-dessus de Calcutta, par 22° 51′ 26″ de lat. N. et 86° 9′ 15″ de long. E. La superficie de son territoire est de 910 hectares ; sa population de 25,451 habitants.

Les loges du Bengale, Balassore (25° 37′ 10″ de lat. N., 82° 35′ 40″ long. E.), Cassimbazar (21° 40′ lat. N., 86° 9′ long. E.), Dacca (23° 42′ lat. N., 87° 57′ 20′ long. E), Jougdia (20° 50′ lat. N., 88° 52′ long. E.) et Patna (25° 37′ lat. N., 82° 51′ 40″ long. E.) « consistent chacune en une maison avec un petit territoire habité par des Indiens [1] ». Elles sont louées au gouvernement anglais.

ADMINISTRATION. — L'Inde française est administrée par un gouverneur assisté d'un conseil général qui comprend trente membres élus, douze pour Pondichéry, huit pour Karikal, quatre pour Chandernagor, trois pour Mahé et trois pour Yanaon. Elle est représentée au Parlement par un sénateur et un député.

AGRICULTURE, INDUSTRIE ET COMMERCE. — Les principales productions agricoles de l'Inde française sont : le *cocotier*, dont on tire la *noix de coco*, le *callou* et le *jagre*, boissons extraites du suc de la sève, l'*arrack*, boisson fermentée obtenue de même de la sève et l'*huile de coco* ; le *riz* ; le *bétel* ; le *tabac* ; l'*indigo* ; la *canne à sucre*; le *nelly* ; le *coton*; les légumes et graines potagères ; différents arbres d'où on extrait les huiles de *gengely*, de *palma-christi* et d'*iloupé*. L'industrie est naturellement déterminée par les produits du sol. Celle qui est la principale dans l'Inde française consiste dans le tissage et la teinture des étoffes bleues connues sous le nom de *guinées*.

Il y avait en outre, en 1887, 275 huileries à Pondichéry et 36 savonneries à Karikal. Bien qu'il y eût encore à cette date 76 indigoteries à Pondichéry et 1 à Karikal, le commerce de l'indigo a beaucoup perdu par suite de la découverte des couleurs d'aniline. En re-

[1] *Notices sur les Colonies françaises.* Paris, Challamel, 1866, in-8°, p. 505.

vanche, Pondichéry est devenu un centre très important pour le commerce des Arachides. En 1881, les exportations de ce produit se sont élevées à 525,000 quintaux métriques d'une valeur de 13 à 14 millions de francs ; malheureusement ce commerce est fait presqu'entièrement par des vapeurs anglais. Il n'en reste pas moins qu'avec un bon port, demandé depuis longtemps et qu'il y a un intérêt de premier ordre à lui donner, Pondichéry pourrait être un des centres commerciaux les plus importants de la péninsule indienne. Une autre source de richesses pour la ville pourrait être les lignites de Bahour qui renferment 53,97 p. 0/0 de matières volatiles et 46,03 de matières fixes.

II. EXPOSITION.

L'exposition de l'Inde française est placée dans le pavillon central des colonies, aux deux étages de la première travée de la salle qui se trouve à droite en entrant.

L'Inde française a d'abord exposé des échantillons des produits de son sol, soit à l'état brut, soit utilisés par l'industrie. C'est ainsi que nous voyons d'abord de nombreux spécimens des produits du cocotier, noix et huile de coco, callou, jagre, arrack ; puis du riz, du bétel et son associé, la noix d'arec, du tabac, de l'indigo (principaux exposants : MM. Pernon, Bayol, Syelly-Krishnassamy, Hecquet et Cie, etc.), du coton, des huiles de gengely, d'iloupé, de palma-christi, du poivre, de la gomme, du cassia, de l'oriza, du sucre brut, etc. Il faut citer encore les fibres de ramie et les cafés exposés par la maison Poulain et les vanilles de la maison Achart, de Pondichéry. M. Balasoupramania-Chetty, de Pondichéry, expose des conserves de fruits de l'Inde qui ont l'air fort appétissantes. L'ensemble des objets qui composent cette partie de l'Exposition, quoique peu décoratifs en eux-mêmes, ont été groupés avec beaucoup de goût par le Comité, qui est du reste le principal exposant.

Le même Comité a également exposé de fort beaux bois de Mahé, des minerais de fer et enfin une intéres-

sante collection d'insectes et de coquillages. Nous avons
vainement cherché quelques échantillons des lignites
de Bahour.

A côté des produits de son sol, l'Inde française a
aussi exposé des exemples de leur utilisation industrielle. Il faut citer ici en première ligne l'établissement
Savana, dirigé par M. D. Cornet, qui nous montre des
tissus de coton, teints à l'indigo, d'un beau noir bleuté,
et des fils de coton également teints en différentes
nuances, d'une franche et brillante couleur. Le même
M. Cornet, disons-le en passant, a exposé de beaux
boudhas en bronze et un en marbre qui est aussi d'un
bon travail. Le Comité, dans une série également intéressante, semble s'être appliqué à montrer tout le
parti qu'on pouvait tirer de la feuille du palmier et du
rotin pour les usages domestiques. Il expose des fauteuils, des sièges et d'autres ouvrages en rotin; des
nattes en rotin et en kaër; des porte-cigares, des paniers, des boîtes, des dessous de plats, en feuille de
palmier. Dans le même ordre d'idées, il faut encore
citer, toujours parmi les objets exposés par le Comité:
des sandales et des patins en bois, parfois d'un curieux
travail; des tapis en laine de Yanaon; des vases, des
statuettes, des sonnettes, d'autres objets usuels encore,
en cuivre; d'autres vases, des carreaux, des fruits
peints en terre cuite; des modèles de charrue indienne
et d'un instrument pour carder et égrener le coton.

Le Comité a eu de plus l'excellente idée de nous
donner un aperçu de la vie dans l'Inde par sa série de
statuettes en terre cuite peinte, exposées au premier
étage, et représentant les différents métiers de l'Inde
française, et par des poupées, réduites au tiers ou au
quart de la grandeur naturelle, qui portent les costumes nationaux des indigènes. Signalons parmi les
statuettes, un buste de femme, grandeur nature, avec
de vrais cheveux, qui est d'une vie étrange.

Les buffets et consoles en bois de bith sculpté
qu'expose M. Arounassala Assary, sont très joliment
fouillés. On voit, du reste, avec quel soin travaillent
les ouvriers indous quand on examine les bijoux en
argent et en or et les bijoux de bayadère exposés par

le Comité. Signalons particulièrement les plaques en argent repoussé, les pommes de canne et les cachets. D'autres bracelets et menus objets en laque ou en terre représentent la bijouterie commune.

Signalons enfin, dans un ordre purement artistique, le superbe char indien, réduit au sixième, exposé par le Comité. Son ornementation si chargée n'est pas sans mérite. La collection de statues et d'objets en bronze de M. Delafou contient quelques pièces curieuses. Il faut aussi remarquer les peintures sur talc, aux couleurs vives, représentant des scènes de la vie ou de la mythologie indienne et le tableau, peint sur toile, de M. Abbay-Rass.

Toute la partie située à gauche en entrant, au rez-de-chaussée de l'exposition indienne, est occupé par l'exposition et le comptoir de vente de M. Bhumgara, le grand négociant de Pondichéry, Madras et Bombay. Le morceau capital de son exposition est la porte en bois de santal sculpté à trois baies, par laquelle on pénètre dans la salle. Elle est très finement ornementée et travaillée. Les étoffes indiennes qui lui servent de tentures sont curieuses aussi, l'une notamment qui enchasse dans son tissu de petits fragments de miroirs. Énumérons rapidement quelques-uns des autres objets qui garnissent ses vitrines : vases en terre cuite, en cuivre jaune ou rouge, ciselé ou repoussé ; tables ornées d'incrustations et de peintures ; armes ; cannes en rotin à pommeaux d'argent ; figurines indiennes habillées avec les costumes du pays ; soieries indigènes et cotonnades dont quelques-unes rappellent les voiles de Gênes ; porte-cigarettes, porte-cartes et coffrets en bois de santal ; éventails en feuilles de palmier et en vétiver ; balais en plumes de paon ; objets d'étagère en ivoire, nacre ou ébène sculpté, etc.

Telle est, dans son ensemble, l'exposition de l'Inde française. Quelque intéressante qu'elle soit, il faut en la parcourant, se souvenir toujours que nos possessions dans ce pays sont, et doivent être avant tout, des comptoirs commerciaux.

Louis FARGES.

MADAGASCAR

L'ile de Madagascar, comprise entre les 11° 57' et 25° 45' de latitude sud et 40° 50' et 48° 10' de longitude est, est située à 85 lieues de la côte orientale d'Afrique dont elle est séparée par le canal de Mozambique ; elle a 1.600 kilomètres de long sur une largeur de 340 à 480 kil. et 3.608 kil. de tour, sa superficie au moins égale à celle de la France, dépasse 25.000 lieues carrées.

Placée à l'entrée de la mer des Indes, dont elle est en quelque sorte la clef, elle domine à la fois le passage du Cap de Bonne-Espérance et le détroit de Bab-el-Mandeb, c'est-à-dire l'ancienne et la nouvelle route des Indes. Cette situation stratégique exceptionnelle explique l'opposition énergique et persévérante que les Anglais nous font à Madagascar depuis bientôt un siècle, au mépris de nos droits antérieurs reconnus par les traités.

Les conditions politiques de Madagascar sont réglées par le traité conclu, le 17 décembre 1881, entre la France et la reine de Madagascar ; aux termes de ce traité le gouvernement de la Reine reconnaît à la France une situation prépondérante à Madagascar et le droit d'exercer un protectorat s'appliquant plus particulièrement aux affaires étrangères.

Le même traité cède à la France la baie de Diégo-Suarez avec le droit d'y faire des installations à sa convenance et reconnaît la reine de Madagascar comme souveraine de toutes les autres parties de la grande île.

Par la même convention, il est institué à Tannanarive, capitale de l'île, un résident français avec une escorte militaire ; ce résident, ministre des affaires étrangères, a seul le droit de juger les contestations entre Français ou entre Français et étrangers ; les litiges entre Français et Malgaches sont jugés par lui, assisté d'un juge malgache.

M. Lemyre de Vilers, ancien officier de marine, qui avait brillamment occupé les fonctions de préfet, de directeur des affaires civiles d'Algérie et de gouverneur de la Cochinchine, fut chargé par le gouvernement français d'occuper à Tananarive le poste de résident général et d'appliquer le traité du 17 décembre 1884.

Jamais mission plus difficile ne fut plus habilement remplie, et désormais le nom de M. Lemyre de Vilers figurera dans l'histoire de Madagascar à côté de ceux de MM. Duclerc et de Mahy, qui ont été les restaurateurs de nos droits historiques sur Madagascar.

Les communications de France à Madagascar sont établies par un service des Messageries maritimes.

Départ de Marseille le 12 de chaque mois.

Arrivée à Diégo-Suarez les 5 février, 8 mars, 5 avril, 6 mai, 5 juin, 6 juillet, 5 août, 5 septembre, 6 octobre, 5 novembre, 6 décembre et 5 janvier.

Arrivée à Sainte-Marie-de-Madagascar et à Tamatave deux jours après.

Départ : de Tamatave le 26, de Sainte-Marie le 27, de Diégo-Suarez le 28.

Arrivée à Marseille le 22 de chaque mois.

Prix du passage en 1re *classe* :

De Marseille à Diégo-Suarez....	1.375	francs.
— à Sainte-Marie....	1.425	—
— à Tamatave........	1.450	—

2e *classe.*

De Marseille à Diégo-Suarez....	875	francs.
— à Sainte-Marie....	900	—
— à Tamatave........	915	—

3e *classe.*

De Marseille à Diégo-Suarez ...	440	francs.
— à Sainte-Marie....	450	—
— à Tamatave........	460	—

Madagascar n'est pas encore relié à la France par un câble sous-marin.

Les télégrammes destinés à Tamatave peuvent être envoyés de France au Consul français d'Aden ou de Zanzibar.

Taxe par mot :

De France à Aden, voie Marseille, Malte ou Italie-Suez, 4 fr. 30 c.

De France à Zanzibar, voie Marseille, Malte, Aden, 9 fr. 30 c.

PRODUITS DE MADAGASCAR. — Les principaux produits de Madagascar sont : les bœufs qui existent en grande quantité et sont exportés aux îles de la Réunion, Maurice, Nossi-Bé et Mayotte ; la valeur d'un bœuf varie de 20 à 40 francs ;

Le riz, très abondant sur les côtes et dans l'intérieur, vaut de 5 à 10 francs les 100 kilos.

Le sucre, le café, la vanille ;

Les rabannes qui commencent à entrer dans l'usage de l'ameublement européen ; elles valent de 50 centimes à 1 fr. 50 c. la pièce de 3 mètres 50 c. ;

Les peaux de bœufs séchées ou salées ; la valeur de ces peaux est de 100 à 130 francs suivant qualité ;

Le suif qui vaut de 45 à 50 francs les 100 kilos ;

Le caoutchouc de bonne qualité mais généralement mal préparé, vaut de 300 à 350 francs les 100 kilos ;

Le miel vaut 1 franc le litre ; la cire 1 fr. 75 c. le kilo :

La gomme copal, très abondante, vaut de 120 a 150 francs les 100 kilos ;

L'orseille que l'on récolte sur la côte ouest vaut 80 centimes le kilo ;

Les écailles de tortue ;

Les bois de construction et d'ébénisterie très abondants, les haricots qui commencent à entrer dans la consommation française.

Tous ces produits peuvent être recueillis sur différents points de la côte, grâce à un service côtier de bateaux à vapeur qui vient d'être inauguré à Madagascar.

A la conclusion de la paix, le Comptoir d'Escompte, après avoir prêté au gouvernement Hova 45 millions, reçut en garantie de son prêt la régie des douanes malgaches et fut autorisé à créer un service de banque indispensable pour les opérations commerciales du pays. Ces établissements financiers ont régulièrement fonctionné jusqu'à la catastrophe du Comptoir d'escompte ; à ce moment les guichets de ces banques ont été fermés pendant plusieurs mois, ils viennent d'être rouverts.

Il existe une autre banque, une succursale du Comptoir de Paris et des colonies, société anonyme au capital de 5 millions, fondée à Paris par le comte Mazenski.

Ainsi donc Madagascar est maintenant doté des organes principaux indispensables à son développement industriel et commercial, il appartient maintenant à nos armateurs et à nos négociants de profiter de ces créations nouvelles et d'attirer vers la France un courant d'affaires que nos compétiteurs commerciaux vont chercher à détourner à leur profit.

EXPOSITION DE MADAGASCAR.

Le département des affaires étrangères a organisé à l'Esplanade des Invalides l'exposition de Madagascar qui se compose d'une maison en bois, style Hova, et de deux magasins en paille.

Nous aurions souhaité que cette exposition eût une importance plus grande, proportionnée à l'étendue et à la richesse de la grande île africaine. Quelques hésitations au début et la difficulté des transports de l'intérieur de l'île n'ont pas permis de faire mieux.

Parmi les objets exposés, nous citerons :

1° La carte de Madagascar du R. P. Roblet, missionnaire de la Compagnie de Jésus ; c'est un chef-d'œuvre de cartographie qui a valu à son auteur la grande médaille d'or de la société de géographie de Paris.

2° Les produits de la maison Alibert et Cie de Tamatave.

Caoutchouc, rabannes, vanilles, clous de girofle, lambas de soie, de coton, de chanvre, crin végétal, etc.

M. Alibert, président de la société des colons français

de Madagascar, agent des Messageries maritimes à Tamatave, est un des notables commerçants de l'île.

3° Les collections de M. Grandidier, membre de l'Institut, bien connu par ses explorations et ses importants travaux scientifiques qui ont vulgarisé en France la connaissance de Madagascar.

Dans une vitrine, M. Grandidier expose des tibias gigantesques d'Epiornis à côté d'un œuf de cet oiseau qui est d'une capacité de 9 litres.

4° Les produits exposés par le ministère des affaires étrangères, collection d'armes, lambas, meubles, ustensiles, etc.

5° Quatre fourrures exposées par Mme Humblot, la femme de l'intrépide explorateur de la grande Comore.

6° Deux maques naturalisées de Madagascar.

7° Ma collection qui comprend :

Une casquette en peau de bœuf, insigne royal, ayant appartenu à Radama II, qui me l'a donnée ; un lamba de soie, présent de la reine Rabodo, femme de Radama II.

Une collection de tabatières, de lambas, de rubans de soie qui m'ont été donnés par M. Lemyre de Vilers.

Tous les produits ont été groupés d'une façon très habile grâce aux soins de M. le comte d'Estournelle et de ses collègues, commissaires du département des affaires étrangères.

                              Baron DE CAMBOURG.

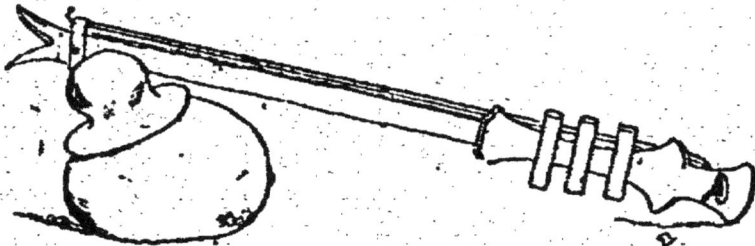

LA MARTINIQUE

La Martinique, située dans la mer des Antilles, entre 14° 28′ et 14° de latitude nord, 63° 11′ et 63° 38′ de longitude ouest, fait partie du groupe des Petites-Antilles.

Cet archipel commande la route que le percement de Panama ouvrira tôt ou tard.

L'importance commerciale et maritime de notre colonie, admirablement mise en lumière par M. l'amiral Aube, son ancien gouverneur, est de premier ordre[1]. Ce territoire est, avec la Guadeloupe, le seul lambeau que la France ait conservé de son vaste empire colonial d'Amérique.

L'île a une superficie de 98,782 hectares et, d'après les dernières statistiques publiées par le ministère de la Marine et des Colonies, sa population totale s'élevait au 31 décembre 1887 à 177,078 âmes. Ses contours extérieurs affectent la forme d'une ellipse dont le grand axe se dirige du sud au nord en inclinant légèrement à l'ouest; elle est traversée dans toute sa longueur par une chaîne de montagnes que domine, à plus de 1,300 mètres d'altitude, le cratère arrondi de la Montagne Pelée.

Les contreforts qui descendent de ce massif central forment de fraîches vallées arrosées de nombreux cours d'eau d'une limpidité admirable, que les grandes pluies de l'hivernage transforment quelquefois en torrents dévastateurs. L'aspect de ce sol tourmenté et verdoyant

[1] *La Martinique, son présent et son avenir*, par le contre-amiral Aube. Paris, Berger-Levrault, 1882.

est merveilleux : « C'est une émeraude ciselée! » disent les voyageurs enthousiasmés quand ils l'aperçoivent pour la première fois du bord, au terme de la longue traversée de l'Atlantique.

La côte orientale de l'île, sans cesse battue par le grand flot que les vents Alizés du nord-est poussent d'un bout à l'autre de l'Océan, offre peu d'abris. C'est à l'ouest que se trouvent les ports principaux : Fort-de-France, le chef-lieu, bâti au bord d'une baie profonde où de grandes flottes peuvent trouver abri, compte 17,000 habitants; Saint-Pierre, qu'on peut appeler la capitale commerciale de l'île, a une population de 30,000 âmes et sa rade foraine, quelquefois balayée par les raz de marée, demeure en dépit de ce danger le rendez-vous préféré des longs courriers.

Le centre de l'île, trop abrupt pour être cultivé, demeure couvert de forêts qui, arrêtant les nuages et maintenant l'humidité, pourvoient à l'alimentation des cours d'eau; près de la côte, les habitations se groupent nombreuses et la culture escalade des contre-forts à pic. Chaque kilomètre de la superficie totale nourrit plus de 180 personnes, et cette énorme densité de la population témoigne du labeur intelligent autant qu'opiniâtre qui féconde notre vieille colonie.

La Martinique, découverte en 1493 par Christophe Colomb et colonisée en 162? par d'Enambuc, offre, depuis bientôt deux siècles, une importance commerciale hors de proportion avec l'étendue de son territoire et le nombre de ses habitants.

La moyenne de son trafic avec la France était encore, au cours de ces dernières années, supérieure à la moyenne de toutes les autres colonies ; seule la Guadeloupe l'a un peu dépassée en 1887, mais même à cette époque, affaiblie par la crise des sucres qui sévissait depuis 1883 et par des causes locales de perturbation, la Martinique a fait avec nos ports plus d'affaires que tout le vaste empire indo-chinois ; le total de ses importations et de ses exportations est en effet évalué à 25,112,987 francs, celui de l'Indo-Chine entière à 22,618,622 francs. Notre vieille colonie de l'Atlantique sert, en outre, de trait d'union entre l'Europe et le continent américain;

en 1887, année de malaise, le chiffre de son commerce avec l'étranger, supérieur à celui de toutes les autres colonies, l'Indo-Chine excepté, s'élevait à 17,299,087 francs ; avec les possessions françaises dont elle est voisine, elle échangeait en outre 1,578,508 francs de marchandises. Le chiffre général annuel de son commerce était donc, d'après la statistique la plus récente, de 11,320,580 francs, supérieur à celui de la Guadeloupe et inférieur seulement à celui de l'Indo-Chine, dont les échanges avec l'Empire chinois ont une certaine importance.

Les états de navigation constatent, en 1887, l'entrée dans les ports de la Martinique de 356 navires français jaugeant ensemble 232,151 tonnes et montés par 12,189 hommes d'équipage ; à la sortie, le nombre des navires français est de 410, leur tonnage total de 219,763 tonneaux et ils portent 12,511 marins. En résumé, l'intelligence et l'activité d'une poignée des nôtres, groupés à l'étroit sur un îlot lointain et sous un ciel brûlant à l'autre bout de l'Atlantique, occupe et fait vivre annuellement douze ou quinze mille de ces braves matelots dont le recrutement est une condition essentielle de la sécurité nationale. C'est de cela que nos compatriotes de là-bas, qui ont fourni tant de chefs éminents à la flotte et aux troupes de la marine, sont le plus fiers.

Nos vieilles colonies sont une création du génie de la France. Certes, leur sol est fécond, mais il a fallu les peupler entièrement en surmontant des difficultés et des périls qui feraient peut-être reculer nos contemporains. Les aborigènes de l'île, les Caraïbes, loin de s'associer à l'œuvre des premiers colons, l'ont combattue de toutes leurs forces. Ces peuplades ont depuis longtemps disparu au contact de la civilisation, comme toutes les races absolument impropres au travail. Ce qui les a tuées, c'est le défaut d'espace, c'est la transformation des conditions de la vie, c'est leur infériorité dans la lutte pour l'existence en face de concurrents laborieux. Deux races, toutes deux importées de pays lointains, les blancs de France et les noirs d'Afrique ont ensemble allumé sur une terre sauvage ce foyer d'activité et de civilisation. L'une des deux n'aurait

rien pu sans l'autre, et aujourd'hui encore, chacune
d'elles, livrée à ses seules forces, succomberait dans la
lutte qu'elles soutiennent ensemble contre la nature
tropicale et contre la concurrence européenne.

Si l'organisme européen ne supporte pas la somme
de chaleur que l'effort musculaire développe sous le
soleil des tropiques, en revanche, sans la direction du
colon, les facultés physiques de l'Africain, qui ne redoute pas les hautes températures, seraient demeurées
stériles. Il a fallu que l'intelligence, le savoir et le
capital vinssent de France, la force musculaire d'Afrique. Notre humanité peut déplorer aujourd'hui les
moyens à l'aide desquels ces résultats ont été obtenus ;
mais ce qu'il faut considérer avant tout dans l'œuvre
coloniale, c'est la conquête du génie de la civilisation
sur la nature sauvage. Tout le continent noir s'ouvre
aujourd'hui à une tentative analogue ; l'Européen, qui
n'y saurait vivre isolé, devra essayer de résoudre sur
ce théâtre infiniment plus vaste le problème de l'association des races. Autrefois, les peuplades s'extermi-
naient et se remplaçaient sur le sol disputé à grand
renfort de carnages ; dans les vastes zones où la colonisation pénètre aujourd'hui, il faut que les races les
plus différentes s'allient et s'entr'aident pour que la
terre devienne féconde. Nos vieilles colonies offrent un
aperçu de ce que peut réaliser cette collaboration des
types divers qui composent l'humanité.

La législation qui aidera le mieux au progrès, sera
celle qui, réglementant le moins possible l'activité industrielle et commerciale, favorisera dans la plus large
mesure les transactions entre la métropole et ses possessions lointaines. L'ancien pacte colonial avait des
exigences bien onéreuses pour les colons, mais il ren-
fermait, pour ainsi dire, le germe des principes équita-
tables et rationnels qui ont survécu à ses rigueurs. La
France tenait à s'assurer le monopole absolu du commerce avec ses colonies, de là toute une série de
prohibitions impitoyables et fort difficiles à faire respecter. Par contre, le gouvernement central admet-
tait que les denrées originaires des possessions de la
couronne, étant françaises, 'ne pouvaient bénéficier

d'aucun droit de douane et devaient bénéficier d'une protection analogue à celle dont les produits nationaux sont favorisés. C'est ce dernier principe, violé par mégarde en 1884, que la loi des sucres de 1886 a réintégré dans notre législation. On a compris peu à peu, qu'il ne fallait pas interdire aux Colonies tout commerce avec l'étranger, que les habitudes et les goûts de leurs populations assuraient, chez elles, aux produits de l'industrie métropolitaine, la plus efficace des protections, celle qui résulte des préférences de l'acheteur, et contre laquelle la contrebande ne saurait prévaloir. Pour accroître leur richesse, par suite leur faculté de consommation et le nombre de leurs acquisitions en France, il fallait, tout en tenant le marché national largement ouvert à leur production, leur permettre d'en écouler le trop plein à l'étranger, et de recevoir en échange les objets indispensables qu'il leur était par trop onéreux de venir chercher en Europe. Les Sénatus consultes du 3 mai 1854 et du 4 juillet 1866 ont, en dernier lieu, réglé conformément aux données de l'expérience, la législation des vieilles colonies, qui ont été pourvues par ces actes d'une quasi-autonomie économique et financière. Les Conseils généraux de la Martinique, de la Guadeloupe et de la Réunion, astreints seulement à respecter l'assiette de l'impôt, fixée par un règlement d'administration publique, et à pourvoir à un certain nombre de dépenses obligatoires, votent souverainement la perception et l'emploi des taxes de toute nature. Ces assemblées locales, quoique investies d'une véritable souveraineté financière, ne font pas difficulté d'édicter les tarifs protecteurs qui leur sont demandés par le gouvernement central dans l'intérêt du commerce national.

Après la révolution du 4 septembre, les Colonies ont été dotées du suffrage universel et investies du droit d'envoyer des représentants aux assemblées politiques. Auparavant, leur représentation était confiée à des délégués qui n'entraient pas au Parlement. Quelques publicistes, M. Paul Dislère notamment, dans son traité de la législation coloniale, ont signalé, comme une antinomie, ce double exercice de la souveraineté octroyé aux électeurs coloniaux qui, d'une part, règlent comme bon leur semble leurs affaires locales en matière financière et participent en outre au règlement des budgets métropolitains. Nous n'avons pas à discuter ici une question politique, nous nous bornerons donc à faire observer que si l'un des termes du dilemme peut paraître discutable, les libertés financières locales sont essentielles. Il serait matériellement impossible au Parlement de régler, dans ses détails, en connaissance de cause, le budget de chaque colonie : les aspirations les plus légitimes des populations, leurs intérêts les plus évidents, leurs besoins les plus vitaux seraient sans cesse méconnus s'il fallait que les questions multiples relatives à leur existence journalière fussent tranchées au loin par des députés qui, n'ayant pas vécu au milieu d'elles, ne savent ni ce qu'elles désirent ni ce qu'elles peuvent. Le contrôle financier, pour être efficace, doit être exercé par ceux qui sont le plus directement intéressés à la bonne administration des ressources communes. Dans toute l'étendue du territoire, le pouvoir central auquel l'exercice de la souveraineté est délégué, doit intervenir pour assurer la stricte application des lois, l'équitable distribution de la justice et le maintien de l'ordre public ; mais, en matière financière, son action se borne au contrôle de la gestion locale. L'expérience des réglementations de détail élaborées à distance n'a pas été l'une des moindres épreuves infligées aux vieilles colonies qui en ont subi tant d'autres : guerres étrangères, occupation par l'ennemi, crises économiques et crises sociales. L'intrépide labeur des colons a triomphé au milieu de tant de causes de ruine, mais c'est surtout sous la législation inaugurée par les Sénatus-Consultes que leur activité s'est développée. Une vingtaine de belles usines à sucre, dont une seule a périclité au cours de la crise qui a récemment sévi sur cette industrie, s'élèvent aujourd'hui sur le sol de la Martinique. Ces établissements pourvus des appareils les plus perfectionnés ne demeurent en arrière d'aucun progrès, les constructeurs de la métropole sont sans cesse occupés par leurs commandes. Chacun de ces centres de production s'est pourvu, aux frais des propriétaires ou des actionnaires, sans le secours d'aucune subvention, d'un réseau de voies ferrées pour le transport de ses matières premières. Il faut, de toute nécessité, tant cette industrie exige de soins et d'efforts, recruter des travailleurs à l'étranger. La cessation de l'immigration a été pour la Martinique, la cause d'un grand malaise. Le sucre qui provient de ces grandes fabriques ne redoute aucune comparaison ; il possède, même sur le produit similaire extrait de la betterave, un avantage qui pourrait lui assurer les préférences du consommateur : l'arôme savoureux de la canne à sucre y demeure en dépit de toutes les manipulations.

Il est assez difficile d'expliquer le peu d'empressement qu'ont montré les directeurs des grandes usines de la Martinique à exposer leurs produits. Peut-être ont-ils pensé qu'au milieu de tant d'objets pittoresques et inconnus, un aliment qui se voit sur toutes les tables, aurait peu d'attrait pour la curiosité du public. Si tel est le motif de leur abstention, nos compatriotes ne se sont pas rendu justice : quelque vulgaire que soit une denrée, l'intérêt s'attache légitimement au travail intelligent qui l'a créée. M. Bougenot, l'éminent fondateur d'usines, est seul inscrit dans le catalogue. Nul n'était mieux qualifié que cet exposant pour soutenir le bon renom de la sucrerie martiniquaise, car nul n'a plus fait pour son développement et pour ses progrès. Le livret devrait en outre faire mention des beaux envois de l'usine Pointe-Simon (Société des usines de la Martinique) ; il les a passés sous silence, mais cette injustice apparente se trouve compensée par une circonstance qui montre bien à quel point elle est involontaire. On voit au palais des colonies, dans la première salle à gauche du vestibule, les cristallisés de l'usine Pointe-Simon, et il nous a été impossible de découvrir ceux de M. Bougenot qui ne doivent pas être moins remarquables. Les héritiers Pécoul ont exposé de beaux sucres bruts et turbinés.

Après le sucre, dans l'ordre d'importance des objets qu'exporte la Martinique, vient le rhum, qui est plus représenté, quoique d'une façon encore incomplète. Il faut distinguer, parmi les échantillons exposés, les eaux-de-vie de canne, qui sont le produit de la distillation directe du jus de la plante et les rhums proprement dits, extraits des mélasses. Parmi les rhums, on distingue encore : ceux des distilleries spéciales, installées dans les villes, qui brûlent des mélasses de toute provenance; ceux des usines; et les rhums d'habitant, fabriqués par les planteurs avec le jus des cannes récoltées dans leurs champs. Il y a des crus pour cette liqueur; le plus ou moins de pureté des sirops distillés, les procédés de fabrication en modifient profondément le goût. Cette distillation est un art auquel s'adonnent nombre de propriétaires, surtout depuis que la crise des sucres a arrêté, dans l'île, les sucreries qui n'étaient pas pourvues des appareils les plus perfectionnés.

Après le rhum, il faut mentionner : le schrubb, liqueur très analogue au curaçao et qui soutient parfaitement la comparaison; les liqueurs dites « des îles », extraites des fruits parfumés qui mûrissent dans ces climats, et le vin d'orange, breuvage exquis et tonique que sa faiblesse en alcool rend d'autant plus hygiénique (voir page 76, du catalogue officiel, toute la classe LXXIII en y ajoutant : Martineau Georges, à Sainte-Marie, Schrubb Musky).

Le cacao, que l'île produit en quantité notable et de bonne qualité, devrait occuper une certaine place dans son exposition; nous ne voyons que les héritiers Pécoul et M. Ralu qui en aient envoyé des échantillons.

Le café si renommé de la Martinique, est déjà une rareté et ne tardera pas à disparaître, à moins qu'on ne parvienne à reconstituer les plants que ravage actuellement un insecte plus destructeur que le phylloxéra. MM. Calonne et Ralu en ont exposé quelques fèves qu'il faut se garder de juger sur la mine; elles sont petites, mais leur arôme est exquis, au dire des amateurs qui en ont goûté et qui se font tous les jours plus rares.

Parmi les produits propres à l'alimentation nous remarquons encore de la cannelle envoyée par les héritiers Pécoul. Le sol de la colonie est très apte à la production des épices.

On voit encore à l'Exposition, de la farine de manioc, aliment très sain, objet d'une grande consommation locale et dont on extrait le tapioca. Les Antilles produisent un très grand nombre de racines comestibles dont une surtout, la couscouche (c'est le nom vulgaire) obtiendrait, si elle était mieux connue en Europe, un renom tout à fait exceptionnel.

Les fruits si savoureux de la zone torride, dont la culture est très soignée à la Martinique, sont représentés dans les vitrines par des confitures et par des conserves (ananas de M. Marius Huard). Les imitations en cire de Mᵐᵉ Morllave, nous en font connaître la forme; une autre corbeille contient un énorme abricot, une poire d'avocat et des mangues que la rapidité actuelle des traversées a permis d'exposer au naturel et dans leur fraîcheur. Ces fruits ne sont pas tous inconnus des gourmets parisiens, car on trouve habituellement des figues bananes et, quelquefois même, des mangues fraîches chez nos marchands de comestibles.

Les hauteurs de l'île sont riches en belles essences propres à l'ébénisterie dont les héritiers Pécoul et M. Balthazar exposent des échantillons.

La fabrique du Chaxel exhibe ses alcarazas, renommées pour leur fraîcheur dans tout l'archipel.

Le service local a envoyé des chapeaux en latanier et différents objets de vannerie et de sellerie, fabriqués dans le pays avec les bambous, les lianes de mer, les agaves, les torchons qui pourraient être utilisés par l'industrie métropolitaine.

Les trois règnes sont représentés par de très curieux spécimens de bois pétrifiés, des poissons, des crustacés et d'autres objets d'histoire naturelle, envoyés par le service local. On trouve à la Martinique, et ce n'est pas une rareté, des écrevisses aussi grosses que de petites langoustes, dont la chair est très délicate; les collections de coquillages de M. Hureaux, les collections de graines, de M. Bonafous, professeur au lycée de Saint-Pierre et le magnifique herbier, à l'arrangement duquel le révérend Père Duss a mis tant de pa-

6

tience et de savoir, complètent cette partie de l'exposition.

L'exposition pédagogique est abondante ; les cahiers de devoirs et les travaux à l'aiguille qui témoignent de l'application des élèves, s'y multiplient. Il est peu de pays où l'enseignement ait été doté avec autant de prodigalité qu'à la Martinique; les mandataires de la population semblent avoir voulu faire de la fabrication des bacheliers la principale industrie de la colonie [1].

Au milieu de ces collections se dressent dans les vitrines de petites poupées de nuances diverses couvertes de bijoux d'or et dont le vêtement est aussi succinct que pittoresque. Telles sont les toilettes populaires à la Martinique. Elles se composent invariablement de chemisettes brodées à manches courtes et de longues jupes traînantes aux couleurs vives. Un simple mouchoir à carreaux coquettement noué forme la coiffure, mais l'arrangement de ce chiffon révèle un art dont une modiste parisienne pourrait être jalouse.

L. DE FEISSAL.

[1] Classe VI, p. 171.

MAYOTTE

ET

PROTECTORAT DES COMORES

L'archipel des Comores comprend quatre îles : Mayotte, Anjouan, Mohély et la Grande-Comore.

1 *Mayotte*. — Colonie française depuis 1811, Mayotte fut acquise par la France, après les événements de 1840, en vue de procurer à nos flottes un refuge dans ces régions lointaines. Le choix était excellent. Entourée par une ceinture de récifs qui n'est coupée que par quelques passes étroites et faciles à défendre, l'île de Mayotte avec ses rades immenses, ses ports nombreux et bien abrités est une station maritime de premier ordre, un peu trop oubliée aujourd'hui.

D'une superficie de 10,000 hectares environ, y compris les îles secondaires enfermées dans ses récifs, Mayotte a dû à l'admirable fertilité de son sol de devenir une colonie agricole d'une certaine importance; elle est, en effet, la quatrième colonie française comme production sucrière et produit en outre des vanilles qui rivalisent avec celles de la Réunion. Enfin, des essais de culture de coton ont été tentés ces dernières années ; mieux appréciés aujourd'hui qu'au début, ces cotons semblent devoir offrir maintenant des prix rémunérateurs à l'agriculteur. Il serait utile d'encourager de nouveaux essais.

Mayotte compte environ 12,000 habitants indigènes de toute race et 300 Français.

Le budget local, qui s'élève en ce moment à 250,000 francs, ne peut s'équilibrer qu'à l'aide d'une subvention de 35,000 francs de la métropole. Mayotte est une colonie régie par décrets et le régime organique y est des plus primitifs ; tous les pouvoirs administratifs sont aux mains du gouverneur qui n'est assisté que de conseils purement consultatifs, en outre presque toutes les dépenses du budget local ayant été classées comme *obligatoires* par décret, il en résulte que la colonie, même pourvue de conseils ayant pouvoir délibérant, ne saurait établir en réalité son budget local.

Les principaux articles exposés par la colonie consistent en :

1° Sucres de toute espèce.

2° Rhums et tafias.

3° Vanilles, en général très remarquables.

4° Cotons de plusieurs variétés, produits de graines du pays (deuxième et troisième générations provenant de graines d'Amérique).

5° Divers textiles, fibres d'aloès et d'ananas.

6° Caoutchoucs produits par une liane indigène très répandue dans l'île.

7° Minerais de fer (oxydes et titanates), très communs.

8° Enfin divers objets, produits de l'industrie locale, ouvrages en paille, nattes, quelques bijoux.

9° En dernier lieu, citons deux meubles, buffet et commode en bois du pays.

Les trois autres îles de l'archipel des Comores se sont rangées sous notre protectorat en 1885 et 1886. Elles sont administrées par un résident placé sous l'autorité du gouverneur de Mayotte, ce résident habite Anjouan.

1. *Anjouan*. — D'une superficie de 60,000 hectares environ, Anjouan est une île très accidentée dont les montagnes atteignent jusqu'à 1,200 mètres d'altitude; les vallées et quelques plateaux sont d'une merveilleuse fertilité.

Trois usines à sucre importantes : Patsé, Poumoni, Bandraboa, produisent environ 2,000 tonnes de sucre.

La population d'Anjouan est d'environ 50.000 habitants, la religion est, comme dans tout l'archipel, la religion musulmane. La langue est le kissaoueli, dialecte de l'archipel, mélange d'arabe, de malgache et d'africain.

Villes principales : M'Sasnoudou (la capitale), Poumoni, Bandraboa.

2° *Mohéli*. — C'est la plus petite île de l'archipel, d'une superficie d'environ 25.000 hectares, avec une population de 8 à 10.000 habitants, Mohély a été très anciennement habitée par des Français. M. Lambert, le célèbre duc d'Emyrne, y avait fondé vers 1862 un bel établissement sucrier, qui, malheureusement, est aujourd'hui la propriété d'un Anglais.

Villes principales : Fombouni, la capitale, dans le nord, et Numa-Choa avec un bon port, au sud.

3° *Grande-Comore*. — La Grande-Comore ou Angaziga est l'île la plus importante du groupe auquel elle a donné son nom. D'une superficie de plus de 100.000 hectares, la Grande-Comore se signale au loin par un puissant massif de montagnes dont quelques points atteignent 3.000 mètres. Le plus haut sommet est un volcan qui, en 1860, après une longue période de calme, couvrit l'île de cendres et produisit une coulée gigantesque descendant jusqu'à la mer, près de Mouroni, la capitale. Très accidentée, la Grande-Comore est, en général, presque aride et dépourvue d'eau. Il faut, cependant, en excepter le sud ou Basini qui est fertile et bien arrosé. Ce Basini est presque inconnu des Européens qui n'ont pu y pénétrer que ces dernières années.

Depuis deux ans une compagnie française, dite de la Grande-Comore, exploite un vaste domaine situé à une altitude élevée. Le caféier, le vanillier, le cacaoyer y sont cultivés sur une grande échelle et y réussissent admirablement.

Tandis que les trois autres îles de l'archipel sont décimées par la fièvre intermittente sous toutes ses formes, la Grande-Comore jouit d'un climat salubre, comparable à celui de la Réunion. L'île ne compterait pas moins de 80.000 habitants. Robuste, sobre, le

Comorien est assurément le meilleur travailleur de l'archipel. Villes principales : Mouroni, Itsanda, Fombouscl.

Aucune des trois îles des Comores n'a pris part à l'Exposition. Au point de vue commercial, ces trois îles sont traitées comme pays étranger. Il conviendrait d'examiner s'il n'y aurait pas lieu de conclure des traités de commerce avec ces pays, en conservant le système du protectorat, infiniment supérieur, de toute façon, au régime coûteux et routinier d'administration de nos colonies.

Dans le nord-ouest de Mayotte, à une petite distance, se trouvent les îles d'Aldabra, de Cosmolédo, du Lys et des Glorieuses. Ces îles ont été déclarées la propriété de la France par les traités de 1811 et les incidents soulevés par sir Farquhar, gouverneur de Maurice, en 1815, ont parfaitement établi nos droits incontestables sur ces îles, ce qui n'empêche pas les Anglais de s'y établir, de les exploiter. Il serait indispensable de rattacher ces îles au gouvernement de Mayotte et de les faire visiter par les bâtiments de notre station de la mer des Indes, si nous ne voulons pas laisser périmer nos droits.

A. DE FAYMOREAU.

NOSSI-BÉ

1. GÉNÉRALITÉS.

L'île de Nossi-Bé est située près de la côte Nord-Ouest de Madagascar, entre 13° 10' 41" et 13° 21' 46" de lat. S. ; 46° 4' 32" et 45° 53' 47" de long. E.

HISTORIQUE. — Nossi-Bé servait de refuge à des Sakalaves qui avaient fui devant les Hovas, quand la souveraineté française y fut établie, sur leur demande, en 1840. L'île repoussa victorieusement, en 1849, une attaque des Hovas et depuis sa tranquillité n'a pas été troublée.

GÉOGRAPHIE. — Le sol de Nossi-Bé est formé de roches primitives sur une partie desquelles se sont épanchées des coulées volcaniques. Les trois groupes principaux de montagnes, au centre de l'île, dans les presqu'îles Navetzy et Loucoubé atteignent des hauteurs maximum de 5 à 600 mètres. Plusieurs cours d'eau, dont les principaux sont le *Djabal*, l'*Andriana* et l'*Ankarankély*, descendent de ces hauteurs. La superficie totale de l'île est d'environ 20,300 hectares, habités au 31 décembre 1887, par 8,281 individus. De Nossi-Bé dépendent quelques îles environnantes. Les plus importantes sont Nossi-Comba et Sakatia. Viennent ensuite Nossi-Faly, Nossi-Mitsiou, Tany-Kély, Nossi-Tanga, Antsoukéry, Nossi-Faviky, Nossi-Tendraka, Nossi-Vourou, l'île Boisée et les Trois-Frères. La capitale de Nossi-Bé et des annexes est Hell-Ville, dans l'île principale ; c'est un bourg dont la population ne dépasse guère mille habitants.

ADMINISTRATION. — Nossi-Bé et ses dépendances sont dirigées par un administrateur assisté de deux sous-commissaires.

AGRICULTURE, INDUSTRIE ET COMMERCE. — Nossi-Bé est remarquablement fertile, malheureusement le manque de bras et de capitaux y est un puissant obstacle au développement de l'agriculture. En 1887, il n'y avait que 862 hectares de cultivés par 603 travailleurs, répartis dans 21 habitations, 13 usines et 15 distilleries. La principale culture, la canne à sucre, avait donné 133,275 kilos de sucre : 115.839 litres de rhum et 225.113 de mélasse. Venaient ensuite le riz, le maïs, le manioc, les pistaches, le sésame, le tabac, la vanille et le café. Mentionnons aussi les cocotiers et les légumes. Nossi-Bé est plus important au point de vue du commerce. C'est le grand entrepôt du canal et des côtes voisines et son chiffre d'affaires s'est élevé en 1887 à 1.077,398 fr. 45 c. Sur ce chiffre, le commerce avec la France et ses colonies n'entre que pour 252,267 fr. 20 c.

II. EXPOSITION.

L'exposition de Nossi-Bé est placée dans l'aile droite du palais des Colonies, dans la partie gauche de la troisième travée. Elle est confondue avec celle de Mayotte et des Comores ce qui rend assez difficile le départ de ce qui revient à chacun de ces trois groupes coloniaux.

Le principal exposant est le service local. Les objets envoyés peuvent se ramener à trois groupes; ce sont, d'abord, les produits naturels, maïs, riz, bois du pays (ébène, palissandre, sandal, pramy, etc.), caoutchouc et quelques spécimens de la faune, parmi lesquels la grande rousselte ou *faury*, donnée par M. P. Hirsch, attire surtout l'attention des visiteurs. Dans le même ordre de choses, il faut citer les cafés de M. Louis Knur.

Viennent ensuite les objets en usage chez les indigènes; modèles de boutres et de pirogues, pilons à riz et mortiers, cuillers en bois, en corne de bœuf et en noix de coco, marmites malgaches et gargoulettes arabes, pagnes et vêtements divers en étoffes du pays, chapeaux en paille tressée, chaussures arabes et malgaches, nattes arabes en paille de palmier, bracelets et bagues en argent. On y a joint également des armes et même des instruments de musique arabes et malgaches. Citons enfin, pour terminer, une collection des objets d'importation à Nossi-Bé et les cahiers des écoles de garçons et de filles, ainsi que les aquarelles de l'administrateur, M. Armanet.

L'exposition de Nossi-Bé est donc assez peu importante. Il ne faudrait cependant pas perdre de vue cette colonie qui, par la salubrité de son climat et sa situation géographique, pourrait, surtout depuis l'établissement de notre protectorat à Madagascar, devenir un centre commercial important.

LA NOUVELLE-CALÉDONIE

ET

LES NOUVELLES-HÉBRIDES

La Nouvelle-Calédonie, les îles Loyalty et les Nouvelles-Hébrides forment un seul groupe géographique situé entre les 12° et 21° de latitude Sud et les 161° et 168° de longitude Est. D'origine volcanique ou madréporique, ces îles sont d'une très grande fertilité et couvertes de belles forêts aux essences précieuses. La Nouvelle-Calédonie est plus particulièrement d'une extrême richesse en minerais. Sa salubrité est remarquable ; elle est attribuée, en grande partie, à l'abondance d'un arbre, le niaouli, qui y remplit le rôle de l'eucalyptus en Australie.

L'Exposition de la Nouvelle-Calédonie et de son groupe se trouve dans l'aile droite du Palais des Colonies. Elle se compose : de publications intéressant les diverses îles, d'objets divers fabriqués par les indigènes ou les colons, des divers produits de la culture et du sol, minerais, bois, charbon de terre, etc.

Notre collègue, M. Gouharou, secrétaire général du gouvernement de la colonie, a exposé sa géographie de la Nouvelle-Calédonie, ouvrage des plus complets et des plus exacts ; M. Gallet, un des administrateurs d'arrondissement, ses deux volumes de notices ; M. de Greslan, une remarquable iconographie de la canne à sucre ; M. Hayes, des aperçus sur les richesses végétales et minérales et les essences forestières de la Nouvelle-

Calédonie; M. Pelcot, divers volumes sur des questions d'intérêt général. Ces publications sont complétées, au point de vue de l'étude du pays, par des cartes et des photographies exposées par le Comité local, la Compagnie des Nouvelles-Hébrides et M. Le Coq, de Nouméa.

Les travaux des élèves des écoles publiques prouvent que, dans la colonie, l'instruction théorique et pratique n'est pas négligée.

La collection des objets indigènes exposés est des plus complètes et des plus curieuses à étudier. Si ces objets ne répondent pas à l'idée de l'art, telle qu'elle s'est formée dans la civilisation européenne, on y trouve néanmoins une grande originalité et une observation exacte de la nature.

L'exposition de M. Moriceau, celles de la Compagnie des Nouvelles-Hébrides et du service des affaires indigènes, sculptures, statuettes, tabous, idoles, talismans, armes, instruments de musique canaques, masques, bambous gravés, vêtements de fêtes, coiffures de cérémonie, ornements,

ustensiles d'un usage journalier, etc., forment un ensemble très complet.

La collection de M. Moriceau est surtout digne d'attention par le soin et le goût qu'un long séjour dans la
colonie lui a permis d'apporter à sa réunion. Elle comprend depuis les objets les plus menus jusqu'au corps
fumé et séché d'un chef indigène, permettant ainsi
d'embrasser, d'un coup d'œil, les habitudes et les
mœurs de ces peuplades primitives.

Les essences forestières, très nombreuses en Nouvelle-Calédonie et aux Nouvelles-Hébrides, sont représentées par des échantillons bruts ou ouvrés.

L'Administration pénitentiaire, MM. de Greslan,
Hayes et Jeanneney, Houette, Laurie, Paillot, la Compagnie des Nouvelles-Hébrides, ont exposé des collections complètes, comprenant entr'autres : du santal,
des troncs de fougères arborescentes, des bois de fer,
de rose, etc. Ces bois, dont quelques-uns sont d'excel-
lentes charpentes, sont une précieuse ressource pour la
sculpture et l'ébénisterie, ainsi que le prouve le buste
de Victor Hugo par M. Dintroux et les meubles exposés
par l'Administration pénitentiaire.

Plusieurs, en outre, donnent des produits appelés
certainement un jour à un grand développement : le
kaori, dont la gomme fossile, avec toutes les apparences
de l'ambre, est exposée par MM. Pelatan, Desmazures,
Brem, Clemen et Descot; le fromager, avec sa ouate, de
MM. Boyer et Hoff. Le niaouli, si répandu en Nouvelle-
Calédonie, est sans contredit un des plus utiles ; son
écorce, exposée par le service local, pourra être utilisée
par l'industrie; ses feuilles donnent une eau double et
une essence qui ont déjà pris une large place dans la
pharmacopée, au même rang que les produits de l'eucalyptus.

Les essences de citronnelle (MM. Caillet, Hayes et
Jeanneney, Kéranval), de citron, de santal, de vétiver ;
les racines de vétiver de M. de Greslan donnent aussi
de belles espérances.

Le palétuvier, redouté dans les autres pays parce
qu'il favorise la formation des marais, contient dans
son écorce, exposée par M. Paillot, une grande quantité

de tannin. Il seroit facile de l'en extraire, comme cela se fait en France pour le chataignier, et il y auroit là un produit d'un grand avenir dans une colonie où, l'élevage se développant, il deviendroit possible et utile de monter des tanneries.

Les arbres à fruits donnent en Nouvelle-Calédonie des produits qui ne sont dépassés nulle part. Sans parler du cocotier, sur lequel nous aurons à nous étendre plus loin, il faut citer le papayer, le bananier, le citronnier, l'oranger, le pamplemousse, le goyavier, etc. L'ananas est si abondant qu'on a songé à le distiller pour en extraire une eau-de-vie très parfumée (MM. de Greslan, Hayes et Jeanneney, Kéranval, Roussel et Jourdey).

Le cocotier est très répandu en Nouvelle-Calédonie, aux Loyalty et aux Nouvelles-Hébrides. Le fruit, à l'état frais, entre dans l'alimentation des indigènes; séché, il donne un produit dont l'usage industriel est pour ainsi dire sans limite; le bois même de l'arbre peut être utilisé.

Les fibres du coco servent pour la sparterie et la corderie; la matière pulvérulente qui entoure les fibres est incombustible, imputrescible et parfaitement isolante du calorique. Cette matière, appelée cellulose, est expérimentée comme blindage par la marine de l'État à bord du croiseur « Dupuy de Lôme ». Elle rendrait également de grands services, soit autour des appareils à vapeur, soit pour remplir les intervalles entre les deux murettes dans les habitations coloniales ou les chambres frigorifiques.

Quant à l'amande du coco, découpée en fragments et séchée au soleil, elle donne ce qu'on appelle le coprah dont le trafic est très considérable dans tout le Pacifique.

Le rendement du fruit du cocotier, dépouillé de sa coquille, est d'environ 22 % en huile. Fraîche, cette huile est excellente pour la cuisine; en vieillissant elle acquiert une odeur fade et désagréable. Cette odeur, provenant de l'oxydation au contact de l'air, doit être enlevée plus tard, aussi essaye-t-on maintenant d'extraire l'huile de coco sur place; M. Steverlynck, pro-

7

moteur de l'idée, expose un échantillon ainsi obtenu.

Quel que soit le procédé employé, l'huile de coco est toujours assurée d'un débouché considérable et son industrie mérite d'appeler tout particulièrement l'attention.

MM. Ballande et fils, l'Administration locale et la Compagnie des Nouvelles-Hébrides ont exposé de beaux échantillons de noix de coco et de coprah.

Parmi les arbustes, auxquels les hautes futaies donnent un abri protecteur, il faut mettre au premier rang le caféier dont les graines sont en Nouvelle-Calédonie et aux Nouvelles-Hébrides d'une qualité tout à fait supérieure, ne craignant pas la comparaison avec celles de la Réunion ou même celles de Moka.

On a récemment introduit dans la colonie l'espèce de caféier dite Liberia, mais jusqu'à présent, malgré certains avantages, elle ne semble pas devoir l'emporter sur celles du pays ou celle dite Leroy.

Actuellement la production annuelle du café dans la Nouvelle-Calédonie s'élève à 250,000 kilogrammes, dont 120,000 produits par un seul propriétaire, M. Laurie. Les plantations pourraient s'étendre davantage, car la main-d'œuvre indigène, si rare pour les autres travaux, ne leur ferait pas défaut.

Le café qui se vend couramment 1 franc 95 centimes à 2 francs le kilogramme à Nouméa, paie à l'entrée en France un droit de douane de 1 franc 56 centimes par kilogramme; ce droit, frappé en France sur les produits d'un sol français comme sur ceux de provenance étrangère, ne permet pas aux excellents cafés néo-calédoniens de venir faire concurrence aux médiocres cafés brésiliens. Il y a là une anomalie et même une injustice dont nos colons se plaignent avec raison. Le jour où tomberait cette barrière, mise entre la France et ses enfants d'outre-mer, la Métropole trouverait dans ses colonies bien des produits pour lesquels elle est encore tributaire de l'étranger.

Le café des Nouvelles-Hébrides est encore supérieur à celui de la Nouvelle-Calédonie; en outre, les arbustes entrent un peu plus tôt en plein rapport et la maturité des cerises se faisant plus régulièrement, la cueillette exige moins de main-d'œuvre.

Des échantillons de café de tout l'archipel, décortiqué ou en cerises, ont été exposés par MM. Archambault, Baria, veuve Beaumont, Bordeaux, Bougé, Bouteiller, Boyer père, Dewambez, veuve Duhamel, Echembrenner frères, de Greslan, Hacques, Hodgson, Hoff, Huyard, l'Internat de Néméara, Kebar père, Laurie, Legrand, Mauclère, Messon, Metzger, Mézières, Mitride, Monféron, Moninoz, Moreau, Névot, Renard, Robillard, Roussel et Jourdey, Sabatier, Streiff, Trayaud, Venisseau, Villanova. L'Administration locale a exposé du café récolté par les indigènes de la tribu de Ni.

On a essayé de tirer parti de la cerise qui enveloppe les grains de café, en faisant fermenter cette pulpe pour ensuite la distiller. MM. Hayes et Jeanneney exposent un échantillon d'eau-de-vie de pulpe de café. Il est difficile de dire dès maintenant si ce produit a un avenir industriel; en tous cas, il mérite une certaine attention.

Les tabacs ont droit à une mention toute particulière dans l'exposition calédonienne-hébridaise. Plusieurs centres de la Nouvelle-Calédonie cultivent activement le tabac qui est protégé par une taxe sur les tabacs étrangers. Les indigènes eux-mêmes se livrent maintenant à cette culture.

La dimension et la souplesse, ainsi que la petitesse des nervures du tabac récolté aux Nouvelles-Hébrides, ont été très remarquées et les journaux de Nouméa en recommandent la plantation.

Dans les bonnes années, on peut faire deux ou trois récoltes sur le même pied, la seconde étant de beaucoup la plus importante. La moyenne annuelle du rendement par hectare, en admettant deux récoltes, est de 2,000 kilogrammes.

Avec quelques améliorations dans la préparation du sol et la manipulation des feuilles, la colonie trouverait là une culture lucrative et un produit d'exportation important.

Il est intéressant de connaître la façon dont les indigènes préparent le tabac. Nous empruntons cette description au journal *Le Colon* de Nouméa.

« Le tabac est cueilli vert, malaxé doucement entre
» les doigts, de façon à rompre entièrement les parties
» raides de la feuille sans la briser toutefois; quand la
» feuille est devenue souple dans tous les sens, elle est
» roulée plus fortement entre la paume des deux
» mains; au bout de quelques minutes, elle est com-
» plètement meurtrie; il suffit alors de la rouler en
» carotte avec d'autres et de laisser sécher; au bout
» de quelques jours le tabac est bon à fumer. Le goût
» en est aussi agréable que celui du tabac préparé par
» les procédés ordinaires : il est seulement moins fort.
» Qui sait si l'industrie ne pourra quelque jour em-
» prunter à ces sauvages leur mode de préparation, en
» remplaçant la main humaine par des surfaces aussi
» élastiques, des cylindres de caoutchouc par exemple.
» Les besoins de la consommation vont en croissant,
» et la rapidité de cette fabrication permettrait de les
» satisfaire. »

Des tabacs en feuilles de la Nouvelle-Calédonie et
des Nouvelles-Hébrides sont exposés par MM. Bougier,
Bechtel, Hayes et Jeanneney, Hoff, Huyard, Joclin,
Jouan, Legrand, Liétard, Maneno, Mauclère, Mézières,
Milride, Roussel et Jourdey, Simon, Streiff, Trayaud,
Villanova et le service des Affaires Indigènes.

MM. Bougier, Bechtel, Roussel et Jourdey, Trayaud
et surtout M. Liétard ont exposé des tabacs manufacturés et des cigares de diverses façons.

Les deux cultures principales de la Nouvelle-Calédonie sont celles du maïs et des haricots. Le maïs remplace l'avoine et l'orge pour les bêtes de somme, mais
il n'est pas encore entré dans l'alimentation des habitants. Malheureusement cette denrée faute de magasins, est sujette à de grandes fluctuations. Parfois les
colons s'en débarrassent à tout prix quand elle abonde;
peu après, la demande ne pouvant plus être satisfaite,
les prix s'élèvent et l'on est obligé d'importer du maïs
des Nouvelles-Hébrides et « même, le croirait-on,
d'Australie ».

Un hectare de maïs rapporte, bon an mal an, 1,800 à
2,000 kilogrammes de grains, et environ 200 kilo-

grammes de paille. On peut faire une seconde récolte d'à peu près 1,000 à 1,200 kilogrammes.

De beaux échantillons sont exposés par MM. Bára, Bechtel, de Greslan, Guttin, Hoff, Mauclère, Metzger, Orezzoli (Jeanne), Poulain et Vacher.

Les haricots et autres légumineux sont cultivés sur une moins grande échelle que le maïs. « Il serait pour» tant à désirer de voir, dans la colonie, les espèces » fines se substituer au vulgaire flageolet. L'exposition » de l'internat de Néméara (ferme-école pénitentiaire » de Bourail, dirigée par les petits-frères de Marie) » mérite à ce sujet une mention spéciale; les échan-» tillons présentés semblent s'être acclimatés avec une » grande facilité. » (*Le Colon*, de Nouméa.)

Diverses sortes de haricots sont exposées par MM. Bechtel, Bouteiller, Foussard, Kabar, Laurie, Legrand, Mauclère, Moreau, Peytoureau et Saulnier.

Les petits pois verts et les lentilles sont parfaitement acclimatés dans la colonie, ainsi que le riz, introduit, il y a de longues années, par les missionnaires. Malheureusement cette dernière graminée demande beaucoup d'humidité, ce qui manque à la Nouvelle-Calédonie. MM. Kabar, Laurie et Streiff en ont exposé quelques échantillons.

Il y a aussi quelques spécimens de blé, exposés par MM. Hayes et Jeanneney et l'internat de Néméara, mais nous ne croyons pas que la culture des céréales ait un sérieux avenir. Il n'en est pas de même du manioc qui commence à être exploité industriellement et qui produit déjà de beaux tapiocas, des farines, des fécules, des amidons et même des alcools. L'administration locale avait tenu à encourager cette industrie naissante en accordant une prime de 200 francs au producteur qui présenterait, le premier, 100 kilogrammes de tapioca.

Le manioc de la Nouvelle-Calédonie est une variété de celui que les indigènes de l'Amérique du Sud appellent *aipi*. Il ne renferme aucun principe vénéneux et peut impunément être consommé sous toutes les formes.

Un champ de manioc d'un hectare contient facilement de 6,000 à 7,000 pieds, et chaque pied rend, au minimum, au bout de dix-huit mois, de 5 à 6 kilogrammes de rhizômes, soit 42,000 kilogrammes de produit brut. Le rendement en fécule est de 12 à 14 0/0.

Des échantillons de tapiocas, farines, fécules, amidons et alcools de manioc sont exposés par MM. Bougier, Hayes et Jeanneney, Nouen-Schwender, Orezzoll (Jeanne), Thouvenin, Roussel et Jourdey.

La culture de la canne à sucre n'a pas, jusqu'à présent du moins, donné en Nouvelle-Calédonie les résultats auxquels on peut prétendre. Toutefois les rhums exposés par M. de Greslan et l'usine de Bourail montrent qu'il y a là une voie à suivre.

La canne à sucre vient admirablement aux Nouvelles-Hébrides.

Parmi les produits de la mer, l'Administration expose de belles nacres, dont quelques-unes gravées, et Mme Moriceau a réuni une riche collection de coquillages, parmi lesquels ceux qui servent de monnaie aux indigènes.

MM. Ballande, Bougier et le chinois Co-Mo exposent de la biche de mer ou tripang (holothurie). Cette industrie semble disparaître, bien qu'en Chine la tonne de biche de mer se vende encore de 1.500 à 1.800 francs. Certaines variétés pullulent sur les côtes de la Nouvelle-Calédonie, où on pourrait les parquer et en faire l'élève. Les Chinois sont très friands de ce mets gélatineux, qu'ils mêlent en petits morceaux à leurs plats nationaux.

Mme Becker expose un baril de viande de bœuf salée, d'un beau rose, et n'exhalant aucune odeur. Chacun sait que c'est là la seule nourriture des stockmen perdus dans la brousse sur les stations lointaines. Avec divers objets, fers à marquer, étriers, manche de fouet, M. Lombard, vétérinaire du Gouvernement, à Nouméa, montre, dans un croquis fidèle, l'aspect de ces stockmen, dont l'existence, loin de tout centre et au milieu de troupeaux presque sauvages, est si curieuse à connaître.

Jusque dans ces dernières années, la France était tributaire de l'Australie pour les viandes de conserve destinées aux troupes; aujourd'hui, grâce à MM. le baron Digeon et Ch. Prevet, député, la Nouvelle-Calédonie expédie régulièrement de nombreuses boîtes de viande conservée qui ne laisse rien à désirer.

Après avoir signalé en passant les briques et objets en terre de MM. Draghichewitz, Hoff et Ventzel, nous arrivons à une des parties les plus intéressantes de l'exposition coloniale, celle qui contient les divers minerais de la Nouvelle-Calédonie.

L'industrie minière, depuis quelques années, a pris dans cette colonie un accroissement considérable qui doit appeler l'attention de la Métropole. Si jamais on peut se servir des mots, richesses inépuisables, c'est certes en parlant de la Nouvelle-Calédonie. Chacun sera frappé par la beauté et la variété des échantillons exposés par MM. Ballande, Bouteiller, Descol, Desmazures, veuve Duthel, Hancker, John Higginson, Hoff, Lupin, Masquillier, Pelatan, et les sociétés le Nickel et des Mines du Nord. On y voit des blocs de nickel, du chromure de fer, du cobalt, du sulfure de cuivre, du cuivre fondu, du cuivre natif et de la cuprite dans du quartz, de l'antimoine.

La Compagnie des Nouvelles-Hébrides a également exposé du soufre provenant du volcan de Tauua, soufre dont l'abondance et la pureté permettraient de faire concurrence en France aux soufres de Sicile.

Les richesses minéralogiques de la Nouvelle-Calédonie eussent été incomplètes sans la présence du charbon de terre, qu'on a appelé avec raison le pain de l'industrie. Les tentatives faites récemment démontrent que la houille est à proximité des minerais à travailler, et si les échantillons, pris à fleur de terre, exposés par MM. Beaumont, Creugnet, Croiser et Porte, ont encore une trop grande friabilité, tout fait espérer qu'à une plus grande profondeur, on trouvera des couches de houille compacte assez étendues pour pouvoir être exploitées.

Outre l'intérêt industriel, il y a celui de la défense de la colonie. En cas de guerre, par application de l'Enlistment Act, comme cela a eu lieu en 1870 à Aden, les ports de l'Australie pourraient nous refuser du

charbon. Nous espérons donc que le Gouvernement de
la Métropole aidera les tentatives de nos colons.

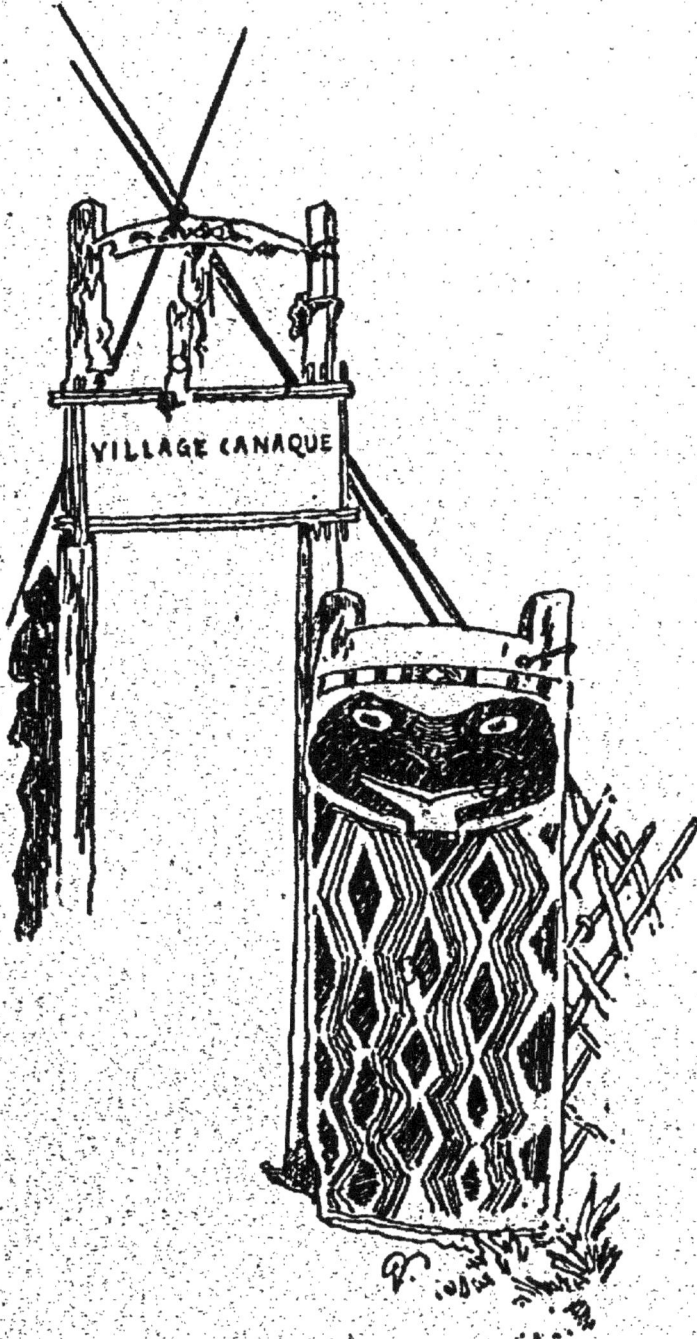

VILLAGE CANAQUE

Nous ne pouvons terminer cette rapide promenade à travers l'exposition néo-calédonienne sans entrer dans le village canaque, construit par les indigènes venus avec M. Gauharou; il lui manque malheureusement son épais cadre de verdure, mais la reproduction des cases est très fidèle. Parmi ses habitants se trouve Badimoin, l'instituteur de Canala. Il parle très couramment notre langue, et nous espérons qu'il ne traduit pas toujours, surtout à ses trois compagnes, Pelo (de Canala), Mario (des Nouvelles-Hébrides) et Any (de l'île Maré-Loyalty), les réflexions, au moins singulières, de certains visiteurs, réflexions qui leur donneraient une bien fâcheuse idée de la courtoisie française.

Baron R. MICHEL.

OBOCK-DJIBOUTIL

(BAIE DE TADJOURA)

SITUATION GÉOGRAPHIQUE. — Notre colonie d'Obock-Djiboutil est située par 11° de latitude Nord et 41° de longitude Est, à la sortie de la mer Rouge par le détroit de Bab-el-Mandeb, sur la côte africaine.

Le port d'Obock et celui de Djiboutil se trouvent presque en face l'un de l'autre sur les rives opposées de la baie de Tadjoura, dont les eaux, entièrement françaises, s'avancent à plus de 100 kilomètres vers l'ouest, dans la direction des hauts plateaux éthiopiens du Lasta.

Les Moussa, groupe d'îlots madréporiques, sablonneux, privés d'eau douce, mais couverts de palétuviers et séparés par des canaux très poissonneux, commandent l'entrée de la baie de Tadjoura.

LIMITES DU TERRITOIRE FRANÇAIS. — Notre colonie d'Obock-Djiboutil a pour voisines : l'Italie, établie au nord, et l'Angleterre au sud. A l'ouest se trouvent, à une distance plus ou moins éloignée, plusieurs petits États secondaires dont les chefs sont vassaux de notre ami et allié Ménélik II, roi du Choa, devenu aujourd'hui empereur d'Éthiopie, depuis la mort récente du Négus Johannès.

DESCRIPTION GÉOGRAPHIQUE. — Le territoire d'Obock est généralement montagneux et aride, à l'entrée de la baie de Tadjoura. De nombreux lits de torrents, à sec pendant presque toute l'année, descendent vers la mer. Le pays vu du large offre, à cet endroit, un aspect désolé bien que très pittoresque ; mais, en débarquant à Obock, on voit que, grâce aux nombreux puits qui fournissent une eau très abondante et de bonne qualité, on est parvenu à créer, dans le lit d'un large torrent, des jardins qui suffisent à approvisionner la petite colonie de légumes frais. De plus, des plantations de filaos, d'acacias et de tamariniers, en pleine prospérité depuis quelques années, permettent de penser qu'il ne serait pas difficile de modifier sensiblement l'aspect aride de la région. En outre, sur les autres points du littoral, à Tadjoura, à Ambabo, à Sagallo, à Ambado et à Djiboutil, au sud, on rencontre de l'eau excellente en abondance, des pâturages, même des arbres, mimosas touffus, acacias à gomme, palmiers doum et palmiers dattiers.

POPULATIONS. — Les populations qui habitent ces régions s'appellent Danakils ou *Afars* (Errants), dans la partie nord qui borde le littoral de la baie de Tadjoura, et Çomalis, dans la partie sud. Elles comptent, pour le territoire dépendant de la France, environ 25 ou 30,000 individus disséminés sur de nombreux points, en plusieurs tribus plus ou moins nomades. Leurs mœurs sont féroces. Elles sont presque continuellement en guerre les unes avec les autres.

C'est à Obock que se trouve le siège de l'Administration française.

Le port d'Obock fut acquis à la France en 1859 par Henri Lambert, vice-consul à Aden [1].

Depuis 1884, on y a construit quelques bâtiments pour loger le gouverneur civil, les officiers d'administration et la petite garnison de soldats d'infanterie et d'artillerie de marine chargée de la garde du drapeau.

A côté des magasins s'élève un hôpital qui rend de grands services aux marins et militaires auxquels leur état de santé ne permet pas d'effectuer, d'un seul trajet, le long parcours entre l'Indo-Chine ou Madagascar et la

[1] Voir dans *Le Tour du Monde* les voyages de M. Henri Lambert, d'après son journal, par L. Simonin, ingénieur, et les conclusions du rapport d'enquête fait par le capitaine de vaisseau de Fleuriot de Langle.

France. Au bord de la mer se trouvent des sources d'eaux thermales sulfureuses.

Non loin de l'hôpital sont les bâtiments de la mission et de l'autre côté du village indigène ceux du pénitencier, avec la *Tour Soleillet*.

CLIMAT. — Le climat d'Obock, bien que très chaud pendant l'été (40 et 45°) n'est pourtant point insalubre, car il pleut très rarement.

PORTS ET RADES. — D'après l'opinion du capitaine de frégate Lanneau, qui commandait l'*Infernet* en avril 1884, dès maintenant « Obock peut offrir un excellent abri à un petit nombre de bâtiments *du plus fort tonnage*, mais, dans ses deux ports sud et nord-est, le nombre pourra en être augmenté par des dispositions à déterminer plus tard ».

Depuis l'occupation d'Obock, les différentes passes du port ont été balisées avec soin et un pont débarcadère en fer a été construit en face du plateau du gouvernement.

Mais ces quelques travaux, indispensables d'ailleurs, ne sauraient être encore suffisants pour mettre Obock en mesure d'attirer les navires à leur sortie de la mer Rouge.

Il faudrait à Obock des quais facilement accessibles aux embarcations et aux chalands, des dépôts de charbon bien approvisionnés, un matériel de batelage bien organisé, en un mot tout ce qui permettrait aux navires d'y faire rapidement et à meilleur marché qu'à Aden, leurs opérations et leurs approvisionnements de toutes sortes.

Rien que le va-et-vient de nos transports de guerre vers l'Indo-Chine et Madagascar, ainsi que le fréquent passage des paquebots de la Compagnie des Messageries maritimes, largement subventionnée par le gouvernement, suffiraient à assurer la prospérité d'Obock.

RESSOURCES COMMERCIALES. — Pour bien comprendre l'importance de cette colonie et l'intérêt qu'offrirait son développement, il suffit de considérer un moment la carte de l'Afrique Orientale, et de constater que la baie de Tadjoura est l'aboutissant naturel de toutes les routes commerciales qui partent du littoral vers l'intérieur de l'Éthiopie méridionale, du Choa, du Harrar et des pays Gallas.

L'Exposition d'Obock-Djiboutil, à l'Esplanade des Invalides, tient tout entière dans une large vitrine placée à gauche d'un des escaliers qui conduisent au premier étage du Palais colonial, tout à côté de l'exposition du Gabon-Congo.

Nous y avons relevé certains objets qui ne manquent pas d'une certaine originalité : d'énormes couvre-plats confectionnés avec la feuille du palmier doum, coloriée de diverses nuances. Des ornements en perles de verre et menus coquillages les enjolivent d'une manière assez agréable.

A côté de ces objets, se trouvent des paniers aux formes élégantes, tressés avec la même feuille de palmier et ornés de la même façon que les couvre-plats ; puis de larges coussins pour ramasser le douro, les dattes ou le grain : des vases en paille, d'un tissu si serré qu'ils peuvent contenir le lait des chamelles.

Lorsque nous aurons encore mentionné quelques coffrets en cuir, des traversins de même nature, des éventails en feuille de palmier, des lances au fer large et tranchant, avec un lourd talon de même métal, des boucliers en peau d'hippopotame travaillée au marteau, des couteaux aux manches ciselés et appelés *gillés*, dont les indigènes ne se séparent presque jamais, nous aurons passé en revue toute l'exposition d'Obock-Djiboutil. Ces divers objets ont été réunis et expédiés par les soins du service local de la colonie.

Si l'on songe à la variété, à la richesse des produits transportés de l'intérieur de l'Afrique par des nombreuses caravanes que nous avons vues arriver sur le littoral, il faut avouer que cette exposition presque nulle ne donne qu'une très faible idée de l'importance commerciale des pays dont Obock et Djiboutil sont les débouchés naturels.

Nous aurions souhaité rencontrer à l'exposition de la baie de Tadjoura les spécimens de la faune du territoire d'Obock, de Sagallo et de Djiboutil. Ces régions abondent en gazelles, en antilopes, en outardes, en francolins, etc. On y pourrait facilement faire l'élevage

des autruches. On y rencontre également, du côté
d'Ambado et de Djiboutil de nombreux troupeaux de
moutons à grosse queue charnue, des bœufs dont les
cuirs sont très appréciés, et des chameaux renommés
pour leur force.

La baie de Tadjoura fournit des nacres, des perles,
des ailerons de requin, des tortues, de nombreuses
espèces de poissons très utiles pour l'industrie et très
curieuses pour les naturalistes.

Nous aurions souhaité retrouver les échantillons des
produits que les caravanes formées sur le littoral vont
chercher dans l'intérieur, au Harrar et au Choa, tels
que le café, la poudre d'or, le musc de civette, les
plumes d'autruches, les gommes, les cuirs, les peaux
de lions, de singes et autres animaux, les défenses
d'éléphants, etc. Voilà tout ce qu'aurait dû présenter
une exposition d'Obock-Djiboutil, en dehors des quelques objets rencontrés dans cette localité circonscrite.

Il est vrai que nous ne pouvions attendre une exposition aussi complète et aussi intéressante, que de l'initiative privée de nos commerçants de là-bas.

Or, ils sont malheureusement fort peu nombreux
dans ces parages, bien que la richesse de ces régions
dût attirer vivement leur attention. De plus, pas un
n'a cru devoir s'intéresser à cette exposition. Quant au
service local il ne pouvait guère faire plus qu'il n'a
fait, ne disposant, sans doute, d'aucun crédit spécial.

Georges RICHARD.

ÉTABLISSEMENTS FRANÇAIS

DE

L'OCÉANIE

Les établissements français de l'Océanie se groupent autour des îles de Tahiti et de Morea, où se trouve le siège du gouvernement (Papeete). Ces deux îles ont une superficie d'environ 120,000 hectares.

Au nord-ouest, on relève l'archipel des Iles-sous-le-Vent, récemment annexé à la France, et qui comprend les îles de Raiatea-Tahaa, Huahine, Borabora (superficie 30,000 hectares).

Au nord, l'archipel des Marquises, séparé en deux groupes distincts (superficie 121,000 hectares).

A l'est, l'archipel des Tuamotus, composé de 78 îles de formation madréporique, émergeant à peine au-dessus de la mer, et formant un des plus vastes bassins nacriers du monde (superficie, en y comprenant les Lagous, vastes lacs séparés de la mer par une mince bordure madréporique, 670,000 hectares).

Au sud-est, l'archipel des Gambier composé de cinq îles (superficie 3,000 hectares).

Au sud, l'île de Rapa (superficie 2,000 hectares).

Au sud-ouest, l'archipel des Tubuai composé de quatre îles, deux d'entre elles, Rurutu et Rimatura, ont été placées sous le protectorat de la France, le 29 mars 1889 (superficie 14,000 hectares).

Les possessions françaises de l'Océanie orientale s'étendent dans l'hémisphère sud sur une longueur d'environ 100 lieues de l'est à l'ouest, et de 300 lieues du nord au sud, avec une population qui peut être évaluée à 30,000 âmes.

Il est peu de nom aussi connu en France que celui de Tahiti. Pendant le Gouvernement de Juillet, il souleva des polémiques ardentes, pour devenir plus tard populaire entre tous sous le règne de la reine Pomare. Après avoir été pendant de longues années sous notre protectorat, Tahiti est devenue en 1880 terre française, grâce aux négociations conduites par le commandant Chessé pendant le ministère de l'amiral Jauréguiberry.

Par cette annexion, la situation de la France est devenue prépondérante dans l'Océanie orientale, et aujourd'hui par suite de l'annexion des Iles-sous-le-Vent, on peut dire que son action s'étend sur les Iles les plus importantes de la Polynésie.

L'organisation administrative de Tahiti rappelle celle de toutes nos colonies. Depuis 1885, un Conseil général lui a été accordé et un délégué représente ses intérêts au Conseil supérieur des colonies. Nous n'avons pas à parler de la beauté et de la salubrité du climat de nos possessions de l'Océanie; elles ont une réputation classique, mais en raison même de cette situation privilégiée, les indigènes se laissent aller à une indolence qui entrave les progrès du commerce et de l'industrie.

Cependant, malgré des conditions si peu favorables, l'exposition des produits de Tahiti ne laisse pas d'être des plus intéressantes. Rien ne prouvera mieux, que leur étude attentive, à quel point Tahiti et ses dépendances est une terre d'avenir.

On doit à M. Goupil, négociant, producteur et membre du Conseil privé de la colonie, l'introduction d'une industrie nouvelle appelée à rendre de grands services. M. Goupil, en effet, a eu l'idée de réduire en fécule le coco, utilisant ainsi un fruit qui se trouve en abondance en Océanie. Les fécules tirées du coco trouveront certainement leur emploi dans la pâtisserie, car elles conservent le goût si particulier et si délicat du coco. M. Goupil a produit de même les fécules du Maïoré, de l'Arrow-root, du Manioc.

C'est avec l'enveloppe fibreuse du coco que M. Félix Robin, de Taoue, a produit la cellulose, dont on connaît les curieuses et remarquables propriétés, et dont l'emploi est préconisé dans les constructions de la marine de guerre.

M. le pasteur Vernier, de Papeete, a eu l'ingénieuse idée de se servir de la noix même du coco, si dure, si résistante et susceptible du plus beau poli, pour en faire des boutons de diverses grandeurs. Il présente une série de cartons qui permettent de suivre ce travail de transformation, obtenu par le tour, et d'apprécier les résultats obtenus.

L'Océanie française produit des cotons d'une qualité qui rappelle les plus belles sortes connues. M. Tati-Salmon, de Papara, expose de superbes échantillons de coton cultivé dans ses propriétés. Par la beauté, la longueur et la résistance de ses brins, il peut défier même les georgies longue soie. Aussi est-il à désirer que sa culture se développe dans la colonie et permette de constituer un marché important de cet admirable coton, qui peut être filé dans les numéros les plus fins.

On devra étudier avec soin les échantillons de coton égrené et non égrené, exposés non seulement par M. Tati-Salmon, mais aussi par M. F. Robin.

La culture de la vanille s'est très largement développée dans ces dernières années à Tahiti, grâce à l'initiative de M. Tati-Salmon, qui a pu envoyer à l'Exposition de très belles gousses de ce précieux produit qui, sans atteindre à la réputation si justifiée des vanilles de la Réunion, a, cependant, nous le croyons, un avenir sérieux dans la colonie. Sur les plantations du même exposant, homme de progrès et d'initiative, a été recueilli un café de qualité supérieure ainsi que des cacaos excellents. Il est à désirer que ces cultures se répandent et on ne peut qu'applaudir à la tentative faite par M. Valles à Morea, auquel on doit aussi de beaux échantillons de café.

On s'arrêtera avec intérêt devant la belle collection de bois préparée par les soins de M. A. Poroï, de Papeete. On peut dire que toutes les essences forestières de l'île y sont représentées. M. Poroï a aussi exposé un assortiment fort curieux de cannes en bois de cocotier, en bois de rose, en bois de tamanou, en bois de tou. La beauté de ces bois et l'étrangeté de leurs formes attirent le regard. Les queues de billards préparées par le même exposant, avec des bois de cocotier rose et de cocotier tou paraissent réunir toutes les qualités de souplesse et la résistance demandées.

Les industries locales sont peu nombreuses, mais l'une des plus répandues est celle qui met en œuvre le pandanus et le pia. Rien de plus souple, rien de plus gracieux que les chapeaux faits avec les pailles de bambou, de pia, de pandanus. A cet égard l'exposition tahitienne est des plus complètes et des plus intéressante. On ne manquera pas d'admirer dans les vitrines l'élégante suspension sortie des ateliers de Mme Van der Viene, de Papeete. On ne saurait imaginer un travail plus délicat et mieux réussi. A citer aussi des branches de fleurs en bambou et en fei, des écrans en pia; à côté de ces œuvres artistiques se placent de riches cartes d'échantillons de tresses dues à la même exposante. On doit aussi des éloges à la collection de pailles venant des propriétés de M. Tati-Salmon, aux chapeaux venant de M. Donat, de Takaravo, aux échantillons de tresse de Mme Gibson, de Papeete.

L'une des richesses de l'Océanie française, c'est l'huître perlière, non seulement à cause de la perle précieuse que parfois elle renferme, mais surtout à cause de la nacre de sa coquille. Le service local en expose une superbe collection provenant de l'archipel des Gambier et des Tuamotu; celle préparée par les soins de M. Goupil n'est pas moins remarquable. Combien il est à désirer que l'industrie si française de la nacre trouve son meilleur aliment dans les bassins nacriers de l'Océanie.

Un des grands attraits de l'Exposition coloniale tient au soin avec lequel a été organisée la partie ethnographique. On en aura une preuve bien certaine en étudiant avec soin la belle collection de la Société des Missions évangéliques, exposée dans la vitrine de droite et qui ne comporte pas moins de 140 objets divers. On y trouvera des pièces d'une excessive rareté et se rapportant à la période la plus ancienne de l'histoire tahitienne. Nous signalons surtout des haches d'un très beau travail, des instruments de l'âge de pierre, des pirogues sculptées avec habileté. Un intérêt semblable s'attache à la collection moins nombreuse, mais fort belle, de M. Petit, riche surtout en objets venant des îles Marquises. Citons les envois faits par le service local et par MM. Viénot, Delaruelle, Labbeye, Langomazino, comme renfermant des pièces d'un rare et curieux intérêt, idoles grossières, divinités marquisiennes, idoles de l'île de Pâques, tombeaux, frontons en nacre, colliers en coquillages, barbes de vieillards, cheveux pour jambes d'enfant, etc. Nous nous bornons à signaler tant de richesses à l'attention des savants pour qu'ils profitent d'une occasion qui peut-être ne se retrouvera plus.

Si on veut mesurer la distance qui sépare le présent de ce passé déjà lointain et se rendre compte des progrès obtenus, il faut étudier avec soin la remarquable exposition scolaire due à l'initiative de M. le pasteur Viénot, directeur des Écoles indigènes françaises. Quelle opposition entre les coutumes barbares d'autrefois et les succès obtenus par la diffusion de l'instruction primaire. On admirera les travaux des élèves autant que la pédagogie savante du maître et on reconnaîtra, dans cette exposition scolaire tahitienne, l'une des plus complètes et des plus intéressantes de nos colonies.

Il est à regretter que les autres écoles de la colonie n'aient pas envoyé des spécimens de leurs travaux ; nous tenons cependant à signaler l'envoi très méritoire et très personnel de M. Dormoy, directeur de l'école laïque de garçons de Papeete.

Ajoutons enfin que si on veut garder un souvenir de ce Tahiti, dont Loti a célébré dans des pages exquises la pittoresque beauté, on ne saurait mieux faire que d'admirer avec soin les belles photographies de Mme Hoare qui reproduisent les vues les plus connues de l'île, et se distinguent par la très douce lumière qui les éclaire en leur enlevant cette crudité qui dépare si souvent les épreuves photographiques.

On comprendra aisément, par les quelques pages que l'on vient de lire, l'intérêt que peut exciter la plus lointaine de nos colonies et avec quel juste droit nous pouvons nous préoccuper de l'avenir qui lui est réservé.

Cet avenir dépend des relations commerciales qui l'uniront à la Métropole, car malheureusement Tahiti est à l'heure actuelle sans communication régulière avec la France. Elle communique avec l'Amérique par un service de voiliers qui assure le service postal, mais aucune ligne de paquebots français ne vient aboutir à Papeete.

Cependant on peut dire que la nécessité de relier une colonie à la mère-patrie n'a pas besoin d'être démontrée, aussi rien ne nous paraît dépasser en importance la création d'un service annexe qui, partant de Tahiti, irait aboutir à Nouméa, tête de ligne des Messageries maritimes. Par là serait assurée cette régularité dans les communications dont les avantages considérables pour la colonie seraient loin d'être sans importance pour la Métropole.

Si la France, en effet, a dû au service des Messageries maritimes de voir le marché des soies qui était à Londres se fixer à Lyon, elle devrait sans doute pour la même raison cesser d'être tributaire des marchés de Hambourg et de Liverpool pour sa consommation de la nacre de perle, le jour où des services réguliers seraient établis entre Marseille et Tahiti, grâce au service annexe dont nous venons de parler. D'un autre côté, est-il besoin de faire remarquer que du jour où les marchandises pourraient être régulièrement expédiées en connaissement direct pour la France comme pour Tahiti, la production commerciale de l'Océanie ne pourrait que se développer dans des proportions importantes.

Si toutes nos colonies ont l'avantage, grâce aux services subventionnés, de se trouver en relations constantes avec la France, pourquoi l'Océanie seule resterait-elle dans un isolement si préjudiciable à ses intérêts !

Dans le même ordre d'idées la création d'un bassin de radoub, déjà à l'étude depuis de longues années, s'impose comme répondant à des besoins de premier ordre. Si Tahiti doit devenir par la suite l'escale la plus importante des grandes lignes qui uniront l'Australie à l'Amérique, c'est à la condition d'un outillage maritime à la hauteur d'une situation qu'elle doit ambitionner.

Au point de vue politique, rien n'assurera mieux la prépondérance de notre influence dans l'Océanie orientale que la possession de ce bassin de radoub, placé dans ce beau port de refuge, si connu de tous nos marins sous le nom de Port-Phaéton. Comme complément de ces importants travaux resterait à organiser l'éclairage de la route maritime à travers l'archipel des Tuamotus, pour faciliter une navigation dont l'importance ne pourra que grandir, tout en faisant de Tahiti l'escale obligée des lignes transocéaniques.

De la réalisation de ces divers projets dépend l'avenir de nos possessions de l'Océanie orientale ; qu'ils se réalisent et sans aucun doute on verra se développer l'industrie dans ses diverses branches. L'attention se portera sur le bassin nacrier qui, sagement aménagé, surveillé avec soin, pourra devenir une source considérable de richesses. Le coton, sûr de trouver des débouchés considérables, deviendra l'objet d'une culture plus étendue ; la vanille, préparée suivant les meilleures méthodes, pourra rivaliser avec les produits similaires sur les marchés français. Nous n'insistons pas plus longuement, mais on estimera sans doute que nos établissements français de l'Océanie, non seulement sont dignes de toutes les sympathies des pouvoirs publics, mais sollicitent aussi les efforts de cette initiative privée, qui restera toujours l'agent le plus énergique de toute colonisation sérieuse.

Frank PUAUX,
Délégué de Tahiti.

ILE DE LA RÉUNION

Cette île est située dans la partie australe de l'Océan Indien, par 21° de latitude sud, à 1,800 lieues marines de France.

Cette colonie n'a qu'une faible étendue, sa superficie est de 260,000 hectares, à peine le tiers de celle de la Corse.

Elle est très montagneuse et l'altitude des principaux sommets varie de 2,000 à 3,000 mètres. Elle réunit donc tous les climats, depuis le climat tropical du littoral, avec une température moyenne de 25° centigrades, jusqu'au climat des hautes plaines, un peu plus froid que celui de Paris, avec une moyenne annuelle inférieure à 0° centigrades.

La population de l'île est de 200,000 âmes, fixée presque tout entière sur le littoral, où sa densité est d'environ 100 habitants par kilomètre.

L'EXPOSITION.

Les produits de la Réunion sont exposés au Palais des Colonies, dans la salle à droite en entrant ; ils sont répartis en deux groupes principaux, l'un au rez-de-chaussée, l'autre à la galerie supérieure.

Le premier groupe de l'exposition de la colonie comprend tous les spiritueux, toutes les vanilles et les huiles essentielles, des collections scientifiques, la presque totalité des sucres et à peu près la moitié des cafés et des fécules.

A la galerie, on retrouve les cafés, les fécules, les sucres ; on voit les tabacs, les plantes médicinales, les vêtements, les chaussures, etc.

Les travaux des enfants des écoles sont réunis aux travaux scolaires de plusieurs autres colonies et exposés à l'angle de cette galerie.

Les commissaires de l'Exposition coloniale se sont heureusement acquittés de la tâche difficile de grouper, dans un espace relativement restreint, plusieurs milliers d'échantillons : ils ont réussi à nous les présenter sans confusion.

On remarque en outre au rez-de-chaussée l'exposition particulière de la Société du Crédit foncier colonial. Cette exposition, à la fois sobre et complète, organisée avec autant de goût que d'intelligence, nous donne une idée très nette des productions agricoles de l'immense domaine que cette Société possède à la Réunion.

Un examen attentif de l'Exposition générale de l'île, qui a un caractère tout-à-fait agricole, nous montre en elle une des plus importantes parmi celles des colonies. Aux principaux produits de l'agriculture, sucre, vanille, café, tabac, se joignent plus de quatre-vingts autres produits végétaux de moindre importance : grains, fécules, épices, huiles, textiles, etc.

L'impression que cause la variété de ces produits serait encore plus vive si cette représentation des cultures avait été complétée par la liste des fruits, des légumes, des plantes cultivées dans la colonie et dont l'envoi n'a pu être effectué.

Le public eût été certainement frappé de voir que cette île, située entre les tropiques, réunit la culture du blé et de l'avoine à celle du maïs et du riz, celle de la betterave à celle de la canne à sucre ; qu'on y récolte des fraises et des ananas, des pommes, des pêches, des abricots, etc., en même temps que des bananes, des mangues, des cocos ; que, de même que tous les climats s'y rencontrent, on peut y réunir toutes les plantes utiles du monde entier.

Mais les cultures des hautes vallées de l'île n'ont qu'une importance secondaire ; on y récolte cependant beaucoup de pommes de terre, de maïs et de tabac.

Les cultures qui ont fait jadis la prospérité de la colonie, celles qui soutiennent encore son commerce dans la crise actuelle, sont les cultures du littoral: cannes, cafés et vanilles.

Nous parlerons en premier lieu de l'exposition des vanilles.

La vanille de la Réunion est originaire du Mexique et diffère de celle de la Guyane. La culture en est difficile et comporte une opération indispensable et très délicate : la fécondation artificielle.

La vanille, livrée à elle-même, est une liane superbe, d'une extrême vigueur, mais ne rapportant pas ou très peu. Par la fécondation, on obtient au contraire de fortes récoltes, mais qui épuisent rapidement la plante et le terrain, font naître des maladies qui, en menaçant les vanilleries de destruction, nécessitent le déplacement fréquent des plantations.

On ne laisse pas la vanille mûrir sur pied, parce que la maturation de la gousse commence par la partie inférieure qui s'entr'ouvre, alors que la partie supérieure est encore verte.

On cueille la vanille au moment où la maturité va commencer; quand on n'a pas une grande expérience on fait la récolte trop tôt ou trop tard. Puis, l'industrie se substituant une fois de plus à la nature, on amène, par l'application de la chaleur, le développement dans la gousse entière de l'huile essentielle qui ne se serait formée que dans l'extrémité par la maturation naturelle.

Cette opération se fait de deux manières: soit en plongeant pendant quelques instants les gousses dans de l'eau bouillante, soit en les maintenant pendant un temps plus ou moins long dans un four chauffé à une assez haute température.

La préparation des gousses, pour les amener à l'état où on les offre en vente, demande ensuite un temps très long, beaucoup de manipulations, de soins et de surveillance.

Toutes ces opérations ne peuvent être bien faites que par des personnes très exercées.

C'est la rareté des bons préparateurs qui explique

pourquoi la Réunion conserve depuis tant d'années une sorte de monopole de la production de la vanille.

Cette île en exporte annuellement de 50 à 60,000 kilogrammes.

Tout ce que nous pourrions dire pour faire valoir les magnifiques échantillons expédiés de la Réunion serait encore au-dessous de ce que méritent ces vanilles dont la longueur, la belle teinte noire, l'abondance du givre et surtout le parfum pénétrant prouvent la qualité hors ligne. Mais nous devons faire observer que ces vanilles, divisées en deux groupes aussi beaux l'un que l'autre, sont exposées dans des conditions très inégales; le premier, placé au centre de l'exposition des cafés, est en pleine lumière et bien à la vue; le second, placé sous la galerie, dans une vitrine et fort mal éclairé, échappe presque aux regards.

Cette exposition, qui fait honneur à la Réunion, réunit les échantillons de la production de tous les préparateurs les plus réputés de l'île.

Voici la liste des exposants, par ordre alphabétique, puisée dans le catalogue envoyé par le Comité d'Exposition de la Réunion :

MM. Th. Amphoux — Babet frères — Veuve Barbot — E. Barbot — A. Bédier — E. Blanc — C. Cadet et A. Payet — J. Glavery — E. Desruisseaux — Ch. Douyère — J.-B. Douyère — H. Fille — C. de Guigné — Veuve Isautier et fils — De Kervéguen et duc de Trévise — M. Lande-Lecouarret — Lefevre — Leffray — De Lescouble — B. Martin — E. Martin — E.-D. Morin — J. Motais — B. Paillès — Fr. Perrault — E. Poux — Resseguier — Savary — H. Vinson — H. Vidot — Furcy Zelmar.

Autour des vanilles, sont rangés des échantillons de cafés en nombre assez considérable; cependant le visiteur, lorsqu'il montera à la galerie, en retrouvera encore autant.

La renommée des cafés de Bourbon est aussi universelle que celle de ses vanilles et beaucoup plus ancienne, car la culture du caféier a précédé à Bourbon même celle de la canne à sucre.

8

De toutes les variétés de caféiers cultivées dans la colonie, la plus estimée est la plus anciennement introduite. C'est en 1717 que les premiers plants ont été importés de l'Yémen, et bientôt multipliés dans toute la colonie. La Compagnie des Indes avait alors le monopole du commerce de la colonie et elle imposait aux habitants des procédés de préparation assez dispendieux, mais très favorables au développement de l'arôme.

Le fruit du caféier est une baie, assez semblable à une cerise, qui contient deux grains et dont la chair est légèrement sucrée à maturité. La récolte doit se faire par un temps sec en choisissant une à une les baies les plus mûres. Ces fruits sont accumulés dans des barriques agencées par les deux bouts et placées debout sur une plateforme bien battue. Au bout de quelques heures la matière sucrée entre en fermentation et lorsque la température devient trop forte pour qu'on puisse tenir la main plongée à l'intérieur de la masse, on soulève la barrique ; tous les grains se répandent sur le sol où on les étale pour les faire refroidir et pour les bien mêler. On les remet en barrique, où la fermentation reprend, pour les étaler de nouveau au soleil. Cette opération renouvelée pendant deux ou trois jours a épuisé la matière sucrée et a fait subir à la substance du grain la transformation qui lui enlève son acidité et développe l'arôme. Dès lors il est inutile de remettre le café en barrique ; on se borne à le faire complètement sécher en l'exposant au soleil pendant plusieurs jours et surtout en le tenant à l'abri de la pluie. La baie du café s'est alors transformée en une coque assez dure qu'il faut briser pour en extraire les grains. Cette opération ne se fait pas immédiatement, et comme la qualité du café s'améliore par une longue conservation, la Compagnie des Indes se faisait jadis livrer le café en coque et le conservait trois ans dans ses magasins avant de l'expédier en France.

On n'expédie plus le café en coques. Le café est vendu en grains. Pour cela on le met dans des mortiers en bois où il est soumis au pilonnage. Cette opération a l'avantage d'opérer un premier classement, les grains les plus sains étant les plus fermes et résistant le mieux au coup de pilon. Les grains brisés sont rejetés du commerce.

Le café Bourbon le plus goûté provient de Saint-Leu, une des localités les plus sèches de l'île.

Les plantations de caféiers étaient autrefois très étendues et les produits considérables ; mais les maladies, qui attaquent tour à tour et avec une intensité extraordinaire toutes les cultures de l'île, ont produit la destruction de la plupart des anciennes caféries. Cependant l'abondance des échantillons et le nombre des exposants montrent que les propriétaires s'efforcent de maintenir cette culture.

D'autres variétés, plus rustiques, mais donnant des cafés inférieurs, ont été plus récemment introduites. La culture de la variété connue sous le nom de café Leroy a pris une certaine extension.

On essaie la culture d'une variété provenant d'Afrique, de Libéria, mais dont les qualités ne sont pas encore connues. Quelques échantillons en ont été exposés sous le nom de café de Libéria ou de café Grand-Bourbon, par MM. de Kervegnen et Lory et par la Société du Crédit foncier colonial.

Outre ces variétés cultivées, il existe à la Réunion une variété indigène connue sous le nom de café marron ou sauvage.

Voici la liste des exposants : MM. A. Auber — G. Aubry — Babet frères — A. Badré — F. Badré — J. Boué — L. Brunet — J.-B. Buroleau — J. Cadars — Vᵉ J. Caillet — Chabrier frères — H. Choppy — Daudé — Defaut — Dolabaratz — Dussac — H. Fille — A. Fontaine — O. Grenier — F. Hibon — Alex. Hoarau — An. Hoarau — Cornélie Hoarau — D. Hoarau — F. Hoarau — H. Hoarau — Vᵉ J. Hoarau — Juv. Hoarau — L. Hoarau — M. Hoarau — O. Hoarau — R. Hoarau — Gaston Hoarau — Vᵉ Isautier fils — de Kerveguen — de Kerveguen et duc de Trévise — de Lanux — Leclerc — Lonziennes — J. Lory — A. Maillot — J. Motais — P. Mutel — E. Nativel — H. Nativel — E. Payet — S. Payet — S. Pothin — L. Potier — G. Ragot — A. Roussel —

Ch. Roussel — A. Severin — V⁰ E. Selhausen — H.-
F. Selhausen — A. Ilmont — L. Ycard.

Comme nous suivons dans ces notes, autant que
possible, l'ordre dans lequel les produits exposés s'offrent à l'examen, nous devons citer maintenant les
spiritueux.

A la Réunion, on ne distille ni grains, ni fécules ;
tous les alcools sont extraits de la canne ou de la mélasse de canne, et quelquefois des jus de certains
fruits.

Cette industrie a fait de grands progrès depuis quelques années. La crise sucrière a eu pour effet d'améliorer la qualité des mélasses; on ne les recuit plus
quatre ou cinq fois, comme jadis, pour en extraire le
plus de sucre possible ; elles sont donc plus riches en
sucre et moins brûlées. De plus, les fermentations sont
beaucoup mieux conduites et, pour la distillation, on
fait usage des appareils les plus perfectionnés.

Les fabricants de la Réunion exposent une grande
variété de ces produits. D'abord les aracks, extraits
du jus de la canne et les rhums de mélasses ; puis les
alcools purs, provenant de la rectification de ces rhums,
et les liqueurs fabriquées avec ces alcools; liqueurs
de Combava, d'Orange ; crèmes de cacao, de vanille, de
faham; anisette, absinthe, curaçao, etc.; enfin, les eaux-
de-vie de canne à sucre et de fruits, ananas, litchis,
bibasses, etc.

Liste des exposants : MM. Adam de Villiers — A.
Archambault — F. Auber — Chabrier frères — R.
Chatel — Daudé — A. Dolabaratz — Duchemann —
V⁰ Isautier fils — Kerveguen et duc de Trévise —
J. Lapeyrère — J. Potier — Pourquier frères et de
Boisvillers — Senaud.

Passons maintenant aux sucres.

L'extension de la culture de la canne ne date que du
commencement du siècle, mais l'industrie du sucre
a fait de rapides progrès. Après quelques années d'une
brillante prospérité, les difficultés se sont accumulées :
épuisement du sol, maladies de la canne, invasions

d'insectes et enfin abaissement des prix du sucre résultant de la surproduction.

De là, la nécessité d'améliorer les anciennes méthodes de culture pour augmenter les revenus et réduire les frais. Les bras manquant, on a substitué dans une large mesure le travail des machines à celui des hommes; on a abandonné les mauvaises terres pour ne cultiver que les meilleures et par l'emploi des assolements, des fumures, des engrais, on a graduellement augmenté les récoltes des terres conservées en culture.

C'est ainsi que les récoltes de canne à sucre du Crédit foncier colonial, qui étaient en moyenne de 20,000 kilogrammes par hectare en 1880, ont atteint le poids moyen de 37,000 kilogrammes en 1886 et dépassé celui de 40,000 en 1888.

On cultive moins de terres qu'autrefois, mais on les cultive mieux.

Puis on a réduit le nombre des usines. Celles qui étaient le moins bien outillées ont été fermées, celles qu'on a conservées ont été améliorées.

Dans cette voie de perfectionnements, on sera bientôt amené à pratiquer la diffusion de la canne et une ère nouvelle pourra s'ouvrir pour les colonies.

La Réunion, qui fabriquait il y a quelques années de très beaux sucres blancs destinés à la consommation, semble avoir à peu près renoncé à cette fabrication; du moins on n'en voit qu'un seul échantillon, présenté par le Crédit foncier colonial. On a trouvé plus de bénéfices dans la production des sucres ordinaires; aussi presque tous les sucres exposés sont-ils destinés à la raffinerie.

Bien qu'on n'ait pas fait usage de noir animal ou d'autres décolorants, la plupart de ces sucres, même ceux de deuxième et troisième jets, sont remarquables par leur nuance et leur cristallisation, indices d'une grande richesse.

La colonie exporte annuellement de 35,000 à 40,000 tonnes de sucre.

Liste des exposants : MM. Adam de Villiers — A. Archambault — V⁰ Barbot — A. Bellier — J. Bruniquel — Chabrier frères — Bl. Choppy — Cornu — Dolabaratz

— Kerveguen et duc de Trévise — E. Lafosse — Lebeaud
— Lory frères — J. Lory — Monjol-Mondon — C. Morange.

L'exposition des tabacs, qui est très intéressante, se
trouve à la galerie supérieure.

La culture du tabac date du début de la colonie. Ce
tabac très parfumé, mais très fort, n'est encore consommé que dans la colonie.

Depuis la réduction des cultures de la canne à sucre,
on a voulu donner plus d'extension à celle du tabac et,
pour cela, s'ouvrir un débouché en France, en faisant
accepter par la régie les tabacs de Bourbon. On n'y a
pas encore réussi, bien qu'on ait fait venir de France
un inspecteur de cette administration, qui a indiqué
les procédés de culture et de préparation à suivre.

Mais le public de l'Exposition devrait être admis à se
prononcer sur la valeur des cigares de la Réunion et,
pour cela, être autorisé à les acheter, comme dans d'autres parties de l'Exposition on achète des tabacs
d'Orient ou de la Havane.

Tout le monde remarquera cette exposition, qui comprend des tabacs en feuilles préparés pour cigares, et
des cigares de différentes espèces ; des tabacs à fumer,
en carottes ou hachés.

Liste des exposants : MM. E. Augeard — Armanet —
A. Badré — L. de Boisvilliers — L. Brunet — Buroleau
— E. Cabanne de Laprade — H. Chammings — J. Défaut
— A. Dévau — Dolabaratz — P. Fournié — de Kervé-
guen et duc de Trévise — Lorrieu — C. Lauret — D.
Lauret — Fr. Leclerc — Mazeaux — Manthin — Pour-
quier frères — Selhausen.

Nous n'avons que peu de choses à dire des cultures
de cacaoyers. Bien qu'elles fassent la fortune de certains
pays, à la Réunion elles ont peu prospéré. La culture
du cacaoyer est très simple, il suffit de le planter dans
un sol riche, humide et bien abrité, et c'est peut-être
parce que toutes ces conditions ne se réunissent pas
souvent à la Réunion, où sévissent de violents oura-
gans, qu'il y a peu de plantations étendues.

Aussi, convient-il de citer les noms des propriétaires qui ne se laissent pas rebuter par ces difficultés et s'efforcent d'étendre leurs cultures de cacaoyers.

Exposants : MM. Adrien Bellier — Buroleau — Dolabaratz — de Kerveguen — J. Lory — Pelagaud — J. Potier — Vᵉ A. Richard — H. Selhausen.

Comme épices, on nous montre des muscades, du girofle, du piment, du safran, du gingembre, mais pas de cannelle, ni de poivre.

Exposants : MM. E. Auber — A. Bellier de Villentroy — Dolabaratz — Vᵉ A. Richard — E. Sers — A. Severin.

Nous avons passé en revue les plus anciennes et principales cultures de la colonie ; nous signalons maintenant quelques industries nouvelles, encore à leurs débuts, mais qui prendront peut-être une grande extension : celles des fécules, des essences, des textiles.

Les plantes qui peuvent donner de la fécule sont nombreuses : manioc, patates, songes (caladium), pommes de terre, arrow-root, sagoutier, etc.

Le manioc présente cet avantage de donner des récoltes extrêmement abondantes et d'être un excellent assolement pour les cultures de canne. Cette industrie se développerait donc rapidement, si son essor n'était ralenti par la concurrence générale et par la difficulté de faire connaître ces nouveaux produits.

Ils sont cependant admirables, et nous ne croyons pas qu'on puisse trouver des fécules supérieures aux fécules blutées exposées dans la galerie.

Aux fécules de manioc s'ajoutent des tapiocas, des fécules d'arrow-root, du sagou.

Exposants : Daudé — J. Gerard — Potier — H.-F. Selhausen.

Une des industries qui paraît le mieux convenir à ce climat privilégié est celle des huiles essentielles ou des parfums, dont on voit un certain nombre d'échantillons à l'Exposition. Bien des plantes, cultivées en Europe avec peine, se sont si bien naturalisées dans ce pays, qu'elles y poussent à l'état sauvage sur d'immenses espaces (Lantana, zinia, etc.) et qu'on avait proposé de couvrir d'héliotropes les hauts sommets dénudés. Les cultures les plus répandues sont celles do géranium rosa. Mais la colonie pourrait exporter des quantités notables des essences les plus variées.

Echantillons exposés : Essences de géranium rosa, citronnelle, fataque malgache, patchouly, vétiver.

Exposants : V° Barbot — Cabane de Laprade — Dolabaratz — P. Fournié — C. de Guigné — V° Isautier et fils — de Kervéguen et duc de Trévise — C. Morange — Pévérelly frères — E. Reymond.

La culture du coton a depuis longtemps cessé d'être productive, et l'on n'exporte plus guère que des fibres d'aloès (agave), qui croissent spontanément dans toutes les terres arides du littoral ou même jusqu'à une grande hauteur dans les montagnes.

La ramie serait exploitée sur une grande échelle, si l'on disposait de bonnes machines pour l'extraction des fibres.

L'alfa, le chanvre, le lin, etc., aussi bien que l'abaca, ou n'importe quelle autre plante textile, trouveraient dans cette île un climat favorable, soit sur le littoral, soit dans les montagnes.

Echantillons exposés : fibres d'aloès (agave), ouate, coton, crin végétal fourni par le palmier.

Exposants : V° Barbot — Lacouarret — Morange — Potier — Roussel.

Une autre industrie, qui pourrait être très importante mais qui paraît peu développée, est celle des huiles végétales.

Nous avons déjà fait observer plusieurs fois que toutes les cultures sont possibles à la Réunion. Le lin y réussit, comme le prouve l'échantillon de graines exposé par MM. Le Coat de Kervéguen et duc de Trévise.

L'olivier sauvage pousse dans toutes les forêts ; greffé avec l'olivier de France il donnerait des olives comestibles.

Les palmiers à huile réussissent aussi bien qu'au

Gabon, et le profit de cette culture serait considérable.

On ne nous montre que très peu d'échantillons : huiles de bancoul, de Pignon d'Inde, de ben, de chardon, exposés par MM. de Kervéguen et duc de Trévise, Max. de Sigoyer.

Beaucoup de grains cultivés dans la colonie témoignent par leur variété de la richesse que pourrait avoir la flore de l'île.

Échantillons exposés : avoines ; embrevades ; embériques ; haricots rouges, de l'Inde, de Lille, de Mascate, noirs, blancs, etc.; lentilles ; lupin ; maïs rouge, blanc et jaune ; mimosas ; petits pois, pois mange-tout, antaques, pois du Cap, noirs, etc.; riz ; woëmes.

Exposants : MM. C. Augeard — E. Augeard — Babet frères — de Kervéguen et duc de Trévise — G. Laroche — J. Lory — G. Masseaux — V⁵ A. Richard — Selhausen.

En dehors des produits agricoles que nous venons de passer en revue, c'est à peine si nous pouvons appeler l'attention sur un ballot de laine et quelques côtes de cuir à semelles, exposés, le premier par M. J. Défaut, le second par M. Lapierre.

C'est que l'élevage est très peu pratiqué à la Réunion, qui reçoit du dehors, en grandes quantités, les bœufs, les mulets et les chevaux qui lui sont nécessaires.

La race des moutons y est excellente; mais on n'en élève que pour la consommation locale.

Mais nous devons signaler au public le produit des abeilles de la Réunion : le miel vert, qu'on ne trouverait nulle part ailleurs, et qui est doué d'un parfum si délicat qu'on ne peut le comparer à aucun autre. Ce miel est en grande partie fourni par des abeilles sauvages. On le recueille en forêts, dans les régions où abonde l'arbre qui fournit le tan, dont la fleur, assure-t-on, lui donne son parfum et sa couleur. Quelques échantillons de ce miel proviennent aussi des ruchers de quelques propriétaires.

Exposants : MM. Agnès Augeard — Cl. Augeard — E. Augeard — R. Augeard — J. Lauret — A. Lefèvre.

Nous ferons maintenant un retour en arrière et parlerons de quelques collections intéressantes.

Le service forestier a fait exposer de nombreux échantillons des bois de construction, d'ébénisterie, de charronnage que fournissent les forêts de l'île. Si ces échantillons avaient été de plus grande dimension, on aurait pu mieux juger leur valeur. C'est ainsi que les beaux madriers de bois noir, exposés par M. L. de Lescoulle, et ceux de bois d'olivier exposés par M. Ch. de Lacroix attirent l'attention du public.

Avec ces arbres, dont le bois est employé par l'industrie locale, la colonie en possède beaucoup d'autres très utiles par leur sève, comme le caoutchouc ou le camphrier, ou par certains principes actifs, comme le quinquina, le bois amer, le bois jaune, le tan, etc., dont MM. Buroleau, Croizet, Dolabaratz, C. Grondin, J. Potier nous donnent des échantillons.

Signalons surtout la remarquable collection de plantes médicinales exposée par M. J. Potier.

A côté de ces plantes utiles, la colonie possède des espèces ornementales très nombreuses. Nous ne pouvons citer la collection si considérable de plantes vivantes, expédiées par M. J. Potier, directeur du Jardin botanique, puisque ces plantes n'ont pas trouvé place à l'Exposition. Mais du moins nous signalerons à la curiosité du public cinq échantillons de fougères desséchées, auxquels l'expéditeur, M. Lapeyrère, a su conserver toute l'élégance de leur port et la délicate poussière qui recouvre leurs frondes, et qu'on compare avec raison à de la poussière d'or et d'argent.

Nous venons d'étudier la partie agricole et forestière de l'Exposition et les industries qui s'y rattachent.

Nous avons quelques autres productions à signaler, mais en bien petit nombre en comparaison de toutes celles qui manquent et qui eussent été nécessaires pour montrer l'ensemble des industries de la Réunion.

Les arts mécaniques ne sont pas représentés, bien que de très habiles fondeurs et ajusteurs exercent leur industrie à la Réunion.

Un seul ébéniste, M. G. Cupidon, a exposé un meuble

qui permet de se rendre compte de la nuance, des vernis et du grain de quelques bois : c'est un porte-photographies à cadres mobiles placé au centre de la galerie.

On voit quelques sculptures de M. Anakit et des collections de cannes en bois verni, exposées par le Comité d'Exposition et par M. Hoarau.

Il y a aussi une collection de violons exposés par MM. E. Grondin — P.-E. Palmers — A. Payet. Mais les exposants n'ont pas indiqué la nature du bois employé par eux.

Une industrie très intéressante est celle de la vannerie. Fait à noter, elle n'est exercée que par des femmes, auxquelles les hommes ont la générosité de ne pas faire concurrence. La matière première est le vacoa (Pandanus) pour les sacs assez grossiers, mais si forts, qui servent à l'emballage des sucres, des cafés, etc.

Pour les chapeaux, on utilise le latanier commun, le carludovica palmata, le maïs. Plusieurs de ceux exposés dans la galerie sont d'une finesse qu'il convient de remarquer.

Une cucurbitacée, le chouchou, sert également à la fabrication des chapeaux ou de corbeilles très élégantes.

Exposants : MMmes A. Baret — R. Baret — L. Beaugendre — E. Bœuf — E. de Boisvilliers — C. Grondin — Th. Grondin — L. Fontaine — J. Liquidec — H. Payet — M. Rivière — H. Techer.

Puisque nous parlons des travaux des dames, signalons les broderies et les travaux de couture de Mmes Ap. Payet — A. Desventes — Vᵉ A. Genève — A. Roustan — A. Zamudio et des jeunes filles des écoles.

L'industrie de l'habillement est représentée par MM. B. Guiraud et F. Lheronde, qui exposent des chaussures pour hommes et pour dames, des vêtements ordinaires et des uniformes d'aussi bonne façon que les similaires de la métropole.

M. E. Lacaze nous montre des conserves alimentaires très variées.

Quelques artistes ont envoyé leurs œuvres. Citons une copie, par M. A. Vinson, du célèbre passage du Saint-Bernard ; des galets servant de presse-papier peints avec beaucoup d'originalité par Mᵐᵉ S. Terquem; la collection de dessins de l'album de la Réunion, par M. Roussin; mais surtout un tableau d'un véritable artiste, M. Roussin fils, nous montrant un charmant type de créole.

Nous citerons aussi avec ces œuvres un tableau de fleurs très réussi, en coquillages de la Réunion, par M. Antoine Blanc, et un tableau en fougères, par Mᵐᵉ M. Louel.

De belles et nombreuses photographies de MM. Cudenet et Géorgi nous font connaître les sites les plus pittoresques de l'île, ses monuments principaux, ses deux ports, sa population et sa végétation.

Les sciences naturelles sont représentées d'une manière particulièrement remarquable par la belle collection de mammifères, d'oiseaux, de crustacés, de poissons et d'insectes, montée et exposée par M. Lantz, conservateur du muséum de la Réunion, aussi savant naturaliste qu'intrépide explorateur. On peut juger de son habileté par les pièces exposées dans une des vitrines du rez-de-chaussée.

En même temps, l'attention se portera sur les œufs d'épiornis, cet oiseau mystérieux de Madagascar, aujourd'hui disparu, mais que les anciens navigateurs arabes ont connu et dépeint sous le nom de Roch, comme d'une taille gigantesque et de force à enlever un bœuf. Leurs récits ne paraissent plus fabuleux lorsqu'on voit leurs œufs *vingt fois* gros comme un œuf d'autruche.

Bourbon et Maurice avaient aussi une très grande race d'oiseaux, le dronte, dont on ne retrouve que quelques débris. Ils avaient été complètement exterminés par les Hollandais, avant l'occupation française.

Nous signalons encore les planches de la flore illustrée de la Réunion, par M. Rémy Chatel, les trente-cinq planches de fougères, dessinées à l'encre de Chine par M. Josselin Dupout, et la collection de cent quatre-vingt-six fruits moulés et peints par M. Florentin Chatel.

Un certain nombre de produits chimiques et pharmaceutiques ont été exposés; citons: le kina iodé, l'alme de chrôme cristallisé, la quinine, la vanilline, la caféine, le savon de chalmougra, etc., fabriqués par M. R. Chatel, A. Lefèvre, Turpin de Morel.

Des échantillons de la source sulfureuse de Masala sont exposés par MM. Juillidière et d'Ambelle.

Nous terminerons cet examen de l'Exposition de la Réunion, par quelques détails sur l'instruction publique.

Signalons d'abord le rapport de M. Turpin de Morel, si intéressant par les renseignements qu'il donne sur l'enseignement primaire. M. de Morel critique, avec raison, l'extension donnée à certaines parties de cet enseignement. Les enfants, pour la plupart fils de cultivateurs, perdent dans un long séjour sur les bancs des écoles, le goût des travaux manuels et désertent les campagnes.

L'île possède 153 écoles primaires, fréquentées par 11,500 élèves environ; 4 écoles secondaires entretenues par les communes, fréquentées par 130 élèves, et un lycée, le plus ancien et le plus considérable des lycées coloniaux. Il compte 400 élèves.

Par suite de l'autonomie de la colonie, la Métropole ne lui fournit aucune subvention.

Les dépenses des écoles communales s'élèvent à 426,000 francs; ces écoles sont gratuites. Quatre communes dépensent en outre 57,000 francs pour l'entretien de leurs écoles secondaires.

L'ensemble des budgets communaux s'élevant à 2,980,000 francs environ, on voit qu'elles consacrent environ 16 0/0 de leurs ressources à l'enseignement.

Le lycée reçoit de la colonie une subvention annuelle de 200,000 francs.

L'exposition des travaux scolaires montre que les résultats obtenus, soit dans les écoles primaires, soit au lycée, répondent aux sacrifices faits par la colonie.

Nous voudrions avoir intéressé le public aux efforts persévérants des colons de la Réunion, pour tirer parti de la fécondité de leur sol.

Nous avons passé en revue leurs produits.

Les uns, comme le sucre, le café, etc., sont d'une

consommation tellement générale que les colons, leur
trouvent un écoulement assuré, ont été naturellement
amenés à donner à ces cultures la plus grande extension possible. Ce n'est pas que les prix de vente
soient constamment rémunérateurs, car ils fléchissent
dès que la production est en excès; mais les bas prix,
en augmentant rapidement la consommation, élar-
gissent constamment les débouchés. Qu'une seule
mauvaise année survienne, tous les approvisionnements s'épuisent et les prix se relèvent.

Il en est autrement pour les productions qui n'ont
qu'un marché très étroit, comme la vanille, les
épices, etc. Les besoins de la consommation étant très
limités, un excès de production amène la formation de
stocks, qui grossissent année par année et écrasent
rapidement les cours, sans augmenter sensiblement la
consommation. La production en est donc assez étroi-
tement limitée.

On sait pourquoi plusieurs de nos colonies se consacrent aux grandes cultures et particulièrement à
celle de la canne à sucre : leur prospérité en dépend.

Mais ne parlons que de la Réunion.

Forcée de produire du sucre, elle devrait le produire
en quantité d'autant plus grande que le prix s'en est
beaucoup abaissé depuis quelques années. Malheureusement, les statistiques nous montrent que sa production se réduit chaque année. Vers 1860 on exportait
en moyenne 60,000 tonnes de sucre par an. Maintenant
l'exportation n'est plus que de 35,000 à 40,000 tonnes.

Les revenus de la grande culture ont donc diminué
de plus de moitié. C'est un grand péril pour notre colonie, et notre commerce maritime est intéressé, aussi
directement que la colonie, au relèvement de la production de l'île.

Nous avons dit précédemment que les habitants s'at-
tachaient désormais à ne cultiver que leurs meilleures
terres, pour abaisser le prix de revient de leurs récoltes; mais c'est aussi le manque de bras qui les contraint à agir ainsi; ils doivent même presque chaque
année abandonner sur pied une partie de leurs cannes
mûres, faute de bras pour les récolter!

Lorsque la Colonie produisait 60,000 tonnes de sucre, elle possédait 73,000 travailleurs étrangers. Elle n'en a plus que 52,000 ; on comprend donc que sa production soit réduite de moitié.

On ne peut compter sur les travailleurs créoles. D'abord leur nombre est insuffisant. Puis, ils ont peu de besoins, et le salaire de deux ou trois journées de travail par semaine y donne satisfaction. Pour attirer au travail ceux que le besoin n'y amène pas, il faudrait leur offrir des prix qui ne sont plus en rapport avec la situation de l'industrie.

De tout temps il a fallu recruter des travailleurs au dehors. Nous ne voulons pas parler de la traite des esclaves, si justement proscrite, mais de l'immigration des Cafres réglementée en 1852. On a accusé ce recrutement à la côte d'Afrique d'entretenir les horribles razzias des Arabes à l'intérieur du continent, et l'Angleterre en a obtenu la suppression en offrant à la France de remplacer dans nos colonies les Cafres par des Indiens.

Etait-ce un but d'humanité que poursuivait l'Angleterre ? En ce cas, ce but n'a pas été atteint, car les guerres d'extermination ont continué dans l'Afrique centrale.

Il semble évident aujourd'hui que le gouvernement Britannique était guidé par un calcul. L'immigration africaine faisait la fortune de nos colonies et l'Angleterre n'avait ni le droit ni le pouvoir d'y mettre fin. Nos rivaux, en amenant la France à y renoncer d'elle-même pour ne plus recruter ses travailleurs que dans un pays où ils dominent en maîtres absolus, s'assuraient la possibilité de ruiner nos colonies dans un avenir plus ou moins éloigné, en les privant de bras.

Aussi longtemps que la France a été puissante, les Anglais ont respecté la Convention de 1860. Après nos défaites, ils ont montré d'autres dispositions et enfin dénoncé le traité.

Nos colonies ont réclamé du gouvernement français le droit de recruter de nouveau des travailleurs à la côte d'Afrique et un traité a été négocié avec le Portugal, d'après lequel cette dernière puissance recon-

naissait à nos nationaux le droit de recruter des travailleurs africains sur un point de la côte de Mozambique. Mais les intrigues de l'Angleterre, dont l'influence sur le Portugal est connue, nous ont suscité de
telles difficultés que les opérations de recrutement
n'ont pu réussir.

Telle est la situation. L'Inde nous est fermée et l'A-
frique ne nous est pas ouverte. Les habiles calculs du
gouvernement anglais auront pour résultat prochain la
ruine des Colonies françaises, si des hommes nouveaux, exempts de ces passions politiques qui sont la
honte de notre époque et la ruine de notre influence,
ne prennent bientôt nos affaires en mains pour imposer
à tous le respect de nos intérêts et de nos droits.

SICRE DE FONTBRUNE.

SAINT-PIERRE ET MIQUELON

Les îles Saint-Pierre et Miquelon sont situées à une courte distance de la côte méridionale de Terre-Neuve. L'île de Saint-Pierre gît par 46° 46' de latitude nord et 58° 30' de longitude ouest. Sa circonférence est de 20 kilomètres. Sa superficie de 2,628 hectares avec les îlots qui en dépendent.

L'île de Miquelon située au nord de la précédente, est divisée en deux massifs montagneux portant respectivement les noms de Grande et Petite-Miquelon, reliés par une longue bande de sable. L'île Miquelon a environ 40 kilomètres de longueur. Sa superficie est de 21,631 hectares.

D'après le dernier recensement, la population des îles Saint-Pierre et Miquelon se subdivise ainsi :

Île de Saint-Pierre, y compris la section de l'Île-aux-Chiens, 5,355 habitants ;

Miquelon (Petite et Grande), 571 habitants.

Les îles Saint-Pierre et Miquelon ne sont point, à proprement parler, une colonie. Il faut plutôt les comparer aux îles qui existent sur notre côte de l'Atlantique, les îles d'Oléron et de Ré, par exemple. C'est sans doute par ce motif qu'on leur a donné une organisation à part qui s'est, peu à peu, rapprochée de celle de la Métropole, mais qui en est encore trop loin pour que leurs habitants soient satisfaits. L'assimilation complète avec les départements français, dut-on qualifier leur territoire de simple canton, voilà tout ce que demandent les habitants de Saint-Pierre et Miquelon. Si l'on objecte encore leur petit nombre, ils pourront répondre par leur importance commerciale qui est

grande. En effet, après la Martinique, ce sont les îles
Saint-Pierre et Miquelon dont le commerce est le plus
considérable parmi toutes nos possessions d'outre-mer
(Algérie et Tunisie exceptées).

Les exposants des îles Saint-Pierre et Miquelon sont
fort peu nombreux. La sœur Césarine et M. Pierre
Riche, de Saint-Malo, ont exposé des huiles médicinales provenant de foies de morue frais. M. Natton,
pharmacien à Paris, a exposé divers produits pharmaceutiques, dont les matières premières proviennent
aussi de la colonie ; M. Ledrenel a exposé un doris,
embarcation légère à fond plat, indispensable pour la
pêche de la morue sur les bancs, construite à Saint-
Pierre ; MM. Otajan et Poirier présentent des conserves
de homard, industrie nouvelle dans la colonie. Enfin
l'administration locale a exposé divers modèles de
goëlettes de pêche, et des échantillons des principales
marchandises américaines, dont la vente est la plus
courante dans la colonie. Bien qu'un droit modéré soit
établi au profit de celle-ci sur les marchandises étrangères, ces dernières ont, en grande partie, supplanté
les produits analogues fabriqués en France.

Ces mêmes armateurs n'ont exposé jusqu'ici aucun
échantillon de leur produit à peu près unique, la
morue et ses accessoires, huile, rogues, issues, etc.,
dont la vente se chiffre par plus de vingt millions,
année moyenne. La raison de cette abstention serait
due, paraît-il, à la nature des produits qui ne peuvent rester exposés pendant un certain temps, sans
affecter désagréablement l'odorat des visiteurs.

Nous aurions désiré intéresser nos lecteurs, en met-
tant sous leurs yeux un exposé complet de la manière
dont la morue est préparée par les pêcheurs de Saint-
Pierre, soit au vert, soit au sec. Nous aurions pu essayer cette description nous-même, l'ayant souvent vu
pratiquer ; mais nous préférons les renvoyer à l'An-
nuaire de la colonie qui se montre fort exact, nous
pouvons l'attester.

Le prix de revient de la morue, qui varie beaucoup,
dépend de deux causes principales : 1° la quantité pê-
chée ; 2° le prix de vente.

Pour pêcher à la grande pêche, il faut un navire, une goëlette presque toujours, dont le tonnage varie de 30 à 100 tonneaux, et le prix de 15 à 50,000 francs. Prenons 60 tonneaux comme moyenne, il faut, année ordinaire, débourser environ 30,000 francs en frais d'armement avant d'avoir pêché une seule morue. Sur le produit de la pêche, le tiers est pour l'équipage. Si une goëlette ne pêche que 2,500 quintaux, ce qui est à peu près la moyenne et que le prix de vente ne soit que de 15 francs le quintal, cela ne produit que 37,500 francs dont un tiers à l'équipage, reste pour l'armateur 25,000 francs, il sera donc en perte. Si la morue se vend 20 francs le quintal, les 2,500 quintaux produiront 50,000 francs; déduisant le tiers à l'équipage soit 16,666 francs, restera pour l'armateur 33,333 francs, soit un bénéfice de 3 à 4,000 francs.

On voit donc, par ce simple aperçu, que l'armement à la pêche de la morue est une opération fort chanceuse. Il est vrai, par contre, que la goëlette qui fera, comme cela s'est vu maintes fois, 3,000 et 3,500 quintaux de pêche, avec un prix moyen de 20 francs, laissera à son armateur 10,000 francs de bénéfice à 3,000 quintaux et plus de 16,000 francs à 3,500 quintaux.

Les îles Saint-Pierre et Miquelon, par leur situation même, sont appelées, pour peu qu'on ne vienne pas les entraver, à un très bel avenir commercial.

On sait que la grande île de Terre-Neuve fut fréquentée de bonne heure par nos marins basques et bretons. Sous Louis XIV, nous avions fondé, au fond de la baie de Plaisance, au sud de l'île, un établissement dont on peut voir encore les ruines près de la petite ville anglaise qui s'est bâtie non loin de là. Vers la même époque, les Anglais s'établissaient à Saint-Jean, sur la côte est. En 1713, le traité d'Utrecht nous obligea de faire à l'Angleterre l'abandon de Terre-Neuve, moins les droits de pêche qui nous furent réservés sur la moitié de son littoral. Les Français de Plaisance allèrent rejoindre leurs compatriotes, qui colonisaient alors le cap Breton et les îles du golfe Saint-Laurent. Cinquante ans plus tard, sous le règne de Louis XV et à la suite de la guerre de Sept-Ans, le traité de Paris

(10 février 1763) nous ayant enlevé toutes nos possessions de l'Amérique du Nord, il nous fut rétrocédé la propriété des îles Saint-Pierre et Miquelon.

Or au point de vue de la pêche, mais de la pêche seulement, cette concession, en apparence dérisoire, a eu et doit avoir, pour l'avenir maritime et commercial de la France, des conséquences beaucoup plus importantes qu'on ne paraît se l'être figuré jusqu'ici.

L'Angleterre, il est vrai, est restée en possession du Canada, du New-Brunswick, de la Nouvelle-Écosse, du cap Breton, des îles du golfe Saint-Laurent, mais ce vaste Empire ne lui appartient plus que nominalement. Il en est de même de Terre-Neuve ; là s'est établie une population de pêcheurs, Irlandais pour la plupart, et dominés par un petit nombre de parvenus qui auraient la prétention — s'ils le pouvaient — de s'affranchir de la domination pourtant fort platonique de l'Angleterre. Ces Terre-Neuviens sont deux cent mille et toutes leurs ressources résident dans la pêche.

Or, nos pêcheurs de Saint-Pierre et Miquelon qui ne sont pas plus de deux mille, auxquels se joignent cinq à six mille marins de la métropole, soit au total huit mille marins pêcheurs, produisent, comme résultats de pêche, environ la moitié du total de la pêche anglaise de Terre-Neuve, qui emploie 60,000 hommes.

On voit donc que la somme des produits de pêche, comparés entre anglais et français, est toute à l'avantage de ces derniers. Si d'un autre côté on remarque que la population de Saint-Pierre et Miquelon a *plus que doublé en vingt-cinq ans*, et que, malgré de terribles incendies, la ville de Saint-Pierre grandit chaque jour, on peut en conclure qu'il y a, dans cette colonie, un fonds de vitalité qui assure son avenir. La métropole pourrait difficilement s'en passer au point de vue de son commerce maritime et cette considération nous amène à dire un mot du sujet le plus important pour l'avenir de la colonie.

Il s'agit du port de Saint-Pierre, port naturel, manquant de profondeur et précédé d'une rade magnifique. Le mouvement commercial de ce port et de cette rade est le plus important qui existe dans nos colonies, et

Il est facile de compter le nombre de nos ports métropolitains qui ont une plus grande importance.

En 1888 les bâtiments métropolitains, locaux et étrangers, ont produit dans le port de Saint-Pierre un mouvement maritime de 3,256 entrées et de 3,255 sorties, représentant un chiffre de 412,600 tonneaux.

Le port de Saint-Pierre n'a jamais eu de subvention de la mère-patrie.

La colonie, dont les ressources sont naturellement fort limitées, a consacré, depuis une quinzaine d'années, une certaine somme annuelle à la construction d'une jetée. Bien qu'inachevé, ce travail donne déjà de bons résultats; mais l'entreprise la plus importante pour le port, c'est son creusement. Les sondages préliminaires ont été opérés, et il a été constaté que rien ne sera plus facile que d'approfondir le barachois de Saint-Pierre et de le rendre accessible aux navires de tout tonnage.

Les devis varient entre 4 et 500,000 francs, répartis en plusieurs exercices. Ce serait donc une faible somme de 50,000 francs par an qui permettrait de doubler l'importance du port de Saint-Pierre, déjà le plus important, je le répète, de tous nos ports coloniaux. Il est à désirer que l'administration comprenne enfin le grand intérêt de ce travail.

Le port de Saint-Pierre creusé et sa digue achevée, on verra le commerce de la colonie prendre un nouvel essor, et il est permis d'espérer que la plus petite de nos possessions d'outre-mer, déjà en si bon rang au point de vue maritime et commercial, tiendra la tête parmi toutes.

17 juin 1889.

C. SALOMON.

LE SÉNÉGAL

ET SES DÉPENDANCES

Les régions désignées sous le nom de *Sénégal et dépendances* sont comprises entre le Sénégal au nord,

la grande Scarcie au sud, le haut Niger à l'est et l'océan
Atlantique à l'ouest.

Au point de vue ethnographique le
Sénégal est habité par trois grandes
races : la race Maure, la race Ouolof ou
nègre et la race Peulh, rouge ou fou-
lah ; d'autres races secondaires habitent
ces régions et une multitude de métis y
forme des groupes et des sous-groupes.

Les Maures du Sénégal sont d'origine septentrionale.
Les *Hassan* ou nobles, seigneurs libres, propriétaires
du sol, mais sans résidence fixe, sont des hommes de
chevaux, riches et nomades, se croyant très supérieurs
aux Berbères ou Maures des villages de classe inférieure, qu'ils regardent comme des serfs attachés à la
glèbe, et qu'ils nomment vulgairement du nom de
Lahmé ou viande.

Leurs usages familiers, leurs mœurs, leurs religions
et l'ensemble de leur existence rappellent à s'y mépren-
dre le moyen âge d'Europe.

Les Maures parlent berbère dans les villages et les
lieux où sont fixés les cultivateurs, mais les nobles ou
hassan parlent de préférence l'arabe du Coran ou
beldan ; leur religion est en général l'islamisme, mais
dans les basses classes on rencontre encore du
fétichisme et de la sorcellerie.

Ils produisent des armes, des meubles de luxe, des
étoffes, des tapis et des bijoux, qui ne le cèdent en
rien aux plus beaux échantillons fabriqués en Asie-
Mineure.

Leurs champs leur rapportent du blé, du maïs, des
céréales, quelques oléagineux, mais leur richesse est
sans contredit la gomme, qui, chez eux, donne lieu à
un commerce considérable et à des échanges avec
les grandes maisons d'importation du Sénégal, du
Soudan, du Touat et du Maroc ; ils ont quelques lieux
d'échange sur la côte de l'Océan, mais leurs véritables marchés sont à Tombouctou et sur les bords du
Sénégal.

Les Maures habitaient autrefois toute la partie Nord
du Sénégal depuis Saint-Louis; mais, après les victoires

du général Faidherbe, ils furent repoussés au-delà du Sénégal, où ils sont depuis maintenus.

Les principales tribus maures sont les Trarzas et les Brakuas, avec lesquelles nous avons des traités; il est à croire qu'avec le temps les relations commerciales iront toujours en augmentant, au grand profit des voisins.

La population stable des Trarzas et des Braknas est surtout agricole.

La langue française, grâce au dévouement patriotique des membres de l'*Alliance Française*, s'étend chaque jour davantage et les transactions en deviennent de plus en plus faciles.

Immédiatement au sud du Sénégal, se trouvent les Ouolofs, qui peuvent être considérés jusqu'à plus ample informé comme les indigènes autochtones de la région, et une race remarquable de peuples *rouges* (*Peuhls*), peuple pastoral, nomade, guerrier, d'une vitalité et d'une résistance admirable, qui n'a à proprement parler aucune propriété mais exploite tout ce qui est à exploiter. Ces races, selon toute probabilité, sont un rameau des *Fellahs* du Nil, avec lesquels elles ont conservé de grandes affinités de langage, d'art, de religion et de superstition.

Les Ouolofs, et généralement toutes les races voisines qui forment le groupe des autochtones, sont de beaux hommes, pleins de bravoure et de dévouement, laborieux, bons ouvriers dans les villes, et bons agriculteurs dans les champs, artistes et musiciens, poètes au besoin; ils sont d'un naturel gai, d'un esprit rapide et spontané.

Leurs compositions musicales sont plus mélancoliques que mélodieuses, presque toujours en mineur, et la mesure y est peu marquée; l'accompagnement est une sorte de murmure mesuré, sur lequel le chanteur s'appuie, mais qu'il ne suit pas; c'est à l'accompagnateur à suivre le chanteur.

Le nom des Ouolofs tire son origine, selon les uns, d'un mot indigène, dont la signification littérale serait *parleur*, c'est-à-dire, raconteur, diseur, poète; d'autres le font descendre d'un terme local qui signifie noir, en opposition avec *Fonlahs* ou *Peuhls* qui veut dire rouge.

Ils fournissent en grande partie nos corps de tirailleurs sénégalais qui sont réputés troupes hors ligne.

Les Ouolofs, en général musulmans ou chrétiens, célèbrent le plus souvent indifféremment les fêtes des deux religions avec le même zèle, ce qui ne les empêche pas d'être surtout fétichistes et de porter sans distinction, mais avec une égale dévotion, les gris-gris, les médailles, les croix ou les évangiles.

Les Serers et les Serers-Sines surtout sont leurs proches parents.

Les Ouolofs sont la population dominante du Walo ou Oualo, du Cayor et du Djolof, on les retrouve dans le Baol, le Saloum, le Sine et sur les bords de la Gambie jusqu'au Fouta-Djallon; ils confinent avec les Toucouleurs, les Serers, les Mandingues, les Sarakholés et les Peulhs.

Les Peulhs, qui sont des nomades par nature, n'ont pas de pays proprement dit au Sénégal, ils sont dispersés dans les Foutas, dans le Cayor, le Djolof, le Oualo, le Baol, et généralement dans tous les royaumes ou pays situés entre le Sénégal, le Niger, et les basses rivières qui forment les dépendances du Sénégal, ils s'établissent sous la protection d'un roi puissant ou de la France, et forment des villages, qu'ils habitent tant que le pays est tranquille et qu'ils quittent pour aller s'établir ailleurs, aussitôt qu'ils sont troublés dans leur propriété.

Les Peulhs ont les cheveux longs, les traits qui tiennent le milieu entre le type européen et les Sémites; leur teint, presque noir sur le visage et les mains, est rouge, bronzé sur le corps; les lèvres minces, le nez allongé et la taille moyenne, ils sont à peine vêtus d'un pantalon qui finit au genou et d'un pagne qu'ils mettent sur leurs épaules; ils sont généralement armés de lances et de fusils, mais ce n'est pour eux qu'une défense contre les fauves. Ils sont coiffés d'un bonnet qui a une vague ressemblance avec un casque. Très laborieux, ils s'occupent surtout d'agriculture et d'élevage de bestiaux. Les Peulhes sont les plus belles femmes du Sénégal; elles ont en général la taille mince et élancée, la figure régulière, de très beaux yeux généralement pleins de langueur et la voix fort douce. Elles se coiffent comme les hommes, souvent à la mode égyptienne, avec les cheveux en bandes tressées de chaque côté du visage, et se couvrent de bijoux, bracelets de cuivre, boucles d'oreilles, broches d'or, colliers de verroterie et de coquilles, mélangées de boules d'or et d'argent, etc. Elles s'habillent de tissus généralement bleus (la guinée), costume qu'elles ont emprunté aux femmes indigènes, les Ouoloffes, les Sérères, etc. Le langage des Peulhs est doux et chantant, très riche en voyelles; ils aiment avec passion la musique, mais ne connaissent guère qu'une sorte de mélodie languissante, qui se répète indéfiniment sur un accompagnement de tam-tam et de guitare.

Il est difficile de passer sous silence les Laobés (Lawbés), qui ne sont à proprement parler qu'une fraction des Peulhs ; ce sont de vrais nomades qui ne se fixent nulle part et vont, par les grandes forêts, tailler les mortiers et les pilons, pour la fabrication du *couscous*, ainsi que les plats et les autres vases ménagers.

Il y aurait encore beaucoup à dire sur ces peuples et sur les Toucouleurs, les Sarakholés, les Bambaras et les Mandingues ; à notre grand regret, nous nous bornerons à ces détails sur les habitants du Sénégal.

PRODUCTIONS. — Voici quels sont les principaux produits exposés.

Comme plantes basses : le riz, le mil, le maïs, les arachides, les courges et calebasses, les ignames, le manioc, les patates douces, les haricots, etc.

A côté on pourrait cultiver sans peine et avec de gros rendements : le blé, l'orge, l'herbe de Guinée, la canne à sucre et les fourrages artificiels.

Les arbres ou arbustes croissant naturellement sont : le papayer, le citronnier, l'oranger, le goyavier et le thé de Gambie. On pourrait y acclimater avec certitude : le caféier, l'arbre à kola, le muscadier, le cocotier et la vigne, car le sol se prête avec aisance aux cultures les plus variées.

Les plantes industrielles qui viennent naturellement dans le pays sont : le ricin, le bambou, l'indigotier, le tabac et une masse de plantes tinctoriales. On y peut importer sans crainte le cotonnier, le palmier, l'arbre à beurre ou karité, le fromager, le tamarinier, le figuier à caoutchouc, le baobab, etc.

Les légumes d'Europe, cultivés dans nos postes militaires, ont donné d'excellents résultats, et les laitues, les épinards, les melons, etc., etc., ne le cèdent en rien aux meilleurs produits européens.

Le rendement du riz sur les bords du Niger est d'environ 4,000 kilos à l'hectare, ce qui donne déjà au cultivateur un bénéfice de 400 à 500 francs, que l'on pourrait plus que doubler en améliorant les procédés de culture. En dehors du riz lui-même, il y a encore la paille de riz, dont on fabrique une multitude d'objets de consommation courante, qui se vendent en abondance dans les grands marchés du Bélédougou et augmentent beaucoup le bénéfice du producteur. Le mil, le maïs et l'arachide donnent de gros rendements, qui seraient plus que doublés par l'établissement de transports à bon marché.

L'huile que fournit l'arachide est excellente pour la table, pour l'éclairage et pour la saponification; ajoutons que sa paille est un fourrage hors ligne, sans pareil pour l'engraissement des bestiaux. La paille de maïs, qui s'utilise en Europe pour la confection des paillasses et qui donnerait un bon papier, ne sert qu'à la nourriture des animaux. On tire du maïs comme du riz un alcool qui se prête à de nombreuses transformations.

Les haricots sont un produit naturel du pays, ils sont excellents, de couleurs très variées; les indigènes les sèment dans les plantations de mil et de maïs. On pourrait en tirer un très grand parti, car il fournirait un légume très nourrissant et bien supérieur aux fayots véreux que l'on envoie de France pour la nourriture de nos braves soldats, indigènes ou autres.

Les courges poussent en grande quantité et sont de toutes les tailles et de toutes les formes. Elles composent, avec les calebasses, la *céramique* du pays; on en fait des gourdes, des bouteilles, des verres, des bols, des assiettes, des plats, des mesures, des pots, des marmiles et même des instruments de musique tels que tam-tams, guitares, balafons; les objets exposés au palais central et à la tour de Saldé peuvent en donner une idée passable.

ARBRES. — Tout le monde connaît plus ou moins bien les produits du papayer, cet arbuste si répandu dans les potagers des indigènes et dans tous nos postes militaires. Le fruit d'un goût très délicat et très apprécié des indigènes et des Européens, n'a que le défaut de se vendre cher, 50 centimes pièce.

Les orangers et les citronniers donnent d'excellents fruits, et donneraient probablement aussi de délicates essences, si l'on pouvait en distiller les fleurs, les feuilles et les écorces sur place.

Le goyavier est un arbre à fruit précieux et très recherché des indigènes. Quant au thé de Gamble, il remplace comme effet et comme goût le thé de Chine.

Mais l'arbre le plus remarquable du Sénégal, celui qui est certainement appelé à un immense avenir, est l'arbre à kola. Le kola fournit une sorte de noix ou de châtaigne qui est pour les indigènes ce que le vin, le thé, le café et le chocolat sont pour les blancs, elle donne lieu à des transactions commerciales très importantes dans tout le Soudan, et sa culture amènerait la richesse et le bien-être dans le pays; les Européens commencent à l'enlever et à utiliser ses qualités pour toutes sortes de produits médicinaux et alimentaires. L'importance de ce produit paraît devoir égaler, sinon surpasser, dans l'avenir celle du cacao, du café et du thé, dont il possède à un degré supérieur les qualités excitantes, toniques, fortifiantes et nutritives. On en tire déjà beaucoup, mais la précieuse noix n'est guère connue que des indigènes, qui la préfèrent à tous les autres articles d'exportation. Le prix commercial de cette merveilleuse matière, qui se transporte fraîche, sèche ou même en poudre, est relativement très élevé, car dans le pays même de production, il ne revient pas à moins de 25 à

30 francs les 100 kilos ; c'est encore une culture à établir sur une grande échelle et qui promet un grand avenir commercial.

Le caféier donne de bons fruits. Ils ne peuvent encore lutter avec les produits similaires d'Asie et d'Amérique mais, les procédés agricoles aidant, on peut compter le café parmi les produits appelés à un bon avenir commercial au Sénégal.

La vigne du Soudan est encore à l'état sauvage. Si, comme on doit l'espérer, la culture la modifie, il y aurait là une grande source de bénéfices, mais ce n'est encore qu'une question à peine étudiée.

Mentionnons enfin le baobab dont on tire tant de produits entre autres le pain de singe (et d'homme aussi), et le karité, ou arbre à beurre, qui fournit une sorte de châtaigne d'un goût excellent dont on extrait, entre le mois de mai et de septembre, un bon beurre végétal qui sert à la cuisine, à faire du savon et à l'éclairage. Le prix actuel du karité est actuellement très élevé, à cause du mode primitif et défectueux de fabrication et de la cherté des transports. Il est de 2 francs le kilo, pris sur place. C'est aussi une culture d'avenir.

Il y a encore à mentionner tous les bois durs, bois d'ornement, de teinture et ceux dont l'écorce fournit des fibres que l'on tisse et des écorces sur lesquelles on écrit ; nous les retrouverons en parcourant les galeries de l'Exposition.

PRODUITS ANIMAUX. — ZOOTECHNIE. — Il existe quatre grandes races de bœufs domestiqués.

1° La race maure ou peulh, qui est le zébu importé par les Peulhs dans le pays, race très travailleuse qui sert surtout comme bête de somme. Elle est très nombreuse dans le Haut-Niger jusqu'à Tombouctou et chez les Maures Brakuas et Trarzas. On dresse cet animal en quelques jours ; il porte et traîne, et sa viande est de bonne qualité ; on estime surtout sa bosse, mais il faut que l'animal soit jeune.

La production lactée des vaches est relativement faible, à cause du peu de prix qu'y attachent leurs propriétaires.

2° La race Bambara ; grande et belle race à robe généralement noire ou gris de fer, à cornes courtes et recourbées en avant comme des arcs, dont le centre est le Bélédougou et le Macina; c'est la meilleure pour la boucherie, et sa viande vaut environ 75 centimes le kilo. Les vaches sont de bonnes laitières. C'est aussi une bonne race de croisement.

M. Korper a proposé, avec beaucoup de sens, l'importation de quelques types de cette espèce et leur acclimatation; il la croit non-seulement possible, mais très fructueuse et promet des résultats parfaits.

3° La race mandingue, commune dans le pays situé entre Bafoulabé et Bamakou, dans tout le Bourbouk et le Bourré, est une race petite, sobre et travailleuse; sa viande, fine et de bon goût, revient en moyenne à 95 centimes le kilo; les vaches rendent peu de lait, mais très beurré.

4° La race khassouké ou bœuf de brousse, ainsi nommé parce que le pays qu'il habite ne lui fournit que de la brousse pendant neuf mois de l'année; c'est probablement ce qui a anémié cette race, qui est petite et chétive et que déciment les épidémies de péripneumonie.

Les bœufs Khassoukés sont presque des animaux sauvages par leurs formes, mais nulle race ne souffre la fatigue et les privations comme celle-là; c'est la vache du pauvre qui, comme son propriétaire d'ailleurs, mange ce qu'elle peut et résiste à des privations que d'autres ne sauraient supporter sans périr.

Sa viande est de mauvaise qualité et les vaches manquent le plus souvent de lait pour nourrir leurs veaux.

RACES OVINES. — Les races ovines se divisent en trois principales:

1° La race peulh, belle race comme laine et comme viande; grande taille, gros gigots, laine longue avec très peu de suint et qui rappelle un peu la fourrure de la chèvre du Thibet; on fait avec cette laine de beaux manteaux et de riches tapis, mais elle ne vaut pas grand' chose pour la fabrication des matelas à cause de son manque de souplesse; la chair revient à près de 75 centimes le kilo. Les Peulhs en ont d'immenses troupeaux; certaines tribus possèdent jusqu'à 500,000 têtes.

1° La race maura, race maigre; beaucoup de laine, moins belle il est vrai que la laine peulh. Quant à la viande, qui est de qualité inférieure, le mouton maure n'en donne guère en moyenne que 9 ou 10 kilos et l'animal se paie d'habitude 10 francs, ce qui met la chair à 1 franc le kilo.

3° La race mandingue est de taille petite, mais trapue. Elle appartient à des peuples stables et sédentaires, à l'encontre des Maures et des Peulhs toujours à la recherche des plus gros pâturages, et ne donne que peu de laine de qualité médiocre. La viande est bonne et se vend communément 70 centimes le kilo.

Les indigènes tondent très régulièrement leurs troupeaux et c'est là leur principal revenu, malheureusement ils ne se servent que de simples couteaux, ce qui donne une laine très défectueuse et surtout très irrégulière. L'opération rendrait le double en qualité et en quantité si elle était faite avec les moyens connus aujourd'hui en Europe.

Les chèvres du Sénégal bien que parfois très différentes par la taille, par les cornes, et surtout par la longueur et la souplesse du poil, peuvent se rattacher à une seule race dont les dissemblances ne sont que de simples variations; leur poil est généralement très fin et leur barbe très longue; le prix d'une belle chèvre est d'environ 15 francs.

Les tisserands indigènes mélangent le poil de chèvre à la laine de mouton; on fait avec sa peau des outres, des sacs et des soufflets de forge.

RACES CHEVALINES ET ASINES. — Il n'y a guère au Sénégal que des chevaux maures. Infatigables, rustiques, sobres, ils sont excellents et, pour le pays, bien supérieurs aux chevaux arabes qui ne résistent pas au climat; leur taille varie entre 1 mètre 45 et 1 mètre 55. Les chevaux nourris par les Peulhs sont les plus beaux.

Race asine. — Les ânes sont, au Sénégal, des auxiliaires précieux pour les transports; la race est petite, de robe gris-cendrée, avec la croix noire, sobre, légère, forte et vigoureuse. S'ils sont bien et suffisamment nourris, ils résistent admirablement aux fatigues et au climat. Malheureusement les noirs ne savent ni les soigner, ni les conduire, sauf les Diulhas, qui, grâce à leurs soins, en tirent de très bons services. Nous en perdons ainsi, dans nos colonnes qui servent au ravitaillement des forts, une grande quantité.

Il y a encore au Sénégal des ânes croisés avec les bourricots algériens, mais leur résistance est moindre. Quant aux ânes algériens purs, ils ne résistent pas et meurent promptement.

PRODUCTIONS MINÉRALES. — Les travaux géologiques et minéralogiques sont encore trop incomplets pour permettre d'établir une nomenclature à peu près complète des minéraux que peut fournir le Sénégal. On verra, en parcourant les vitrines de l'Exposition, des minerais de fer, qui paraissent très abondants, de la houille maigre, quelques minerais de plomb ou de cuivre, et enfin cette fameuse poudre d'or du Bambouk et du Bourré, cette poudre que charrie la Falémé et qui, pendant si longtemps a tenté la cupidité de l'Europe entière; mais les gisements aurifères, qui seront peut-être excellents quand ils seront mieux connus, ne donnent pour l'instant qu'un produit relativement minime. Il ne faut cependant pas se décourager, car lorsque ces régions seront mieux connues et que des minéralogistes habiles les auront étudiées, on pourra en tirer un produit que l'on n'ose prévoir aujourd'hui. C'est dans le massif du Foûta-Djallon, que doit se trouver la fameuse poule aux pépites, dont les sables de la Falémé, du Bakkof, et du Bafing ne nous montrent que les débris.

Les autres minerais que nous avons vus ne nous ont paru provenir, pour la plupart, que d'affleurements sur lesquels on ne peut rien conclure de précis; ce sont des promesses qui peuvent cacher de véritables mines riches et exploitables, ou n'être que des traces minérales, sorte de dykes sans suite, accidents minéralogiques sans importance.

PRODUCTIONS NATURELLES. — Le Sénégal fournit une très grande quantité de produits, tels que l'ivoire, l'écaille, la nacre, la gomme, le beurre végétal, les fourrures, les peaux dites d'Espagne. Les peaux de lions, de panthères, de guépards, de chacals, de chats-tigres, de chats-sauvages, de lynx, d'hyènes, de crocodiles et de boas; les peaux d'oiseaux du paradis, de colibris, de guêpiers, de marabouts, et d'une quantité de mouettes y sont abondantes, comme les plumes d'autruches et bien d'autres encore.

L'autruche est domestique au Sénégal, mais la passion insensée qui excite ces oiseaux à s'emparer de tout ce qui luit, les pousse à crever les yeux des enfants à cause de leur brillant éclat; c'est là un inconvénient devant lequel bien des tribus ont reculé et qui, pour le moment du moins, arrête le développement de cette éducation.

Les Sénégalais ne savent pas domestiquer les éléphants, qui étaient autrefois nombreux au Sénégal, comme les girafes. Ces utiles animaux, fuyant la civilisation qui s'avance, se retirent chaque jour davantage dans les forêts isolées et désertes.

Les hippopotames sont encore nombreux dans les marigots qui dépendent des grands fleuves, mais il n'y a guère que leur peau et leurs dents qui puissent être utilisées. D'ailleurs les indigènes n'osent pas les attaquer avec leurs pirogues, que les hippopotames font chavirer très facilement.

Les singes gris sont très abondants sur le littoral, ainsi que les cynocéphales dans les forêts de l'intérieur.

PRODUCTIONS FORESTIÈRES. — Parmi les plus beaux arbres que produit le Sénégal, parmi les plus utiles surtout, il faut nommer le bombax fromager ou bentenier, plus grand et plus beau que le baobab si vanté. Le fromager a autour de lui une quantité de grandes racines qui sortent de terre et lui forment une ceinture d'abris, que les indigènes utilisent comme logements; c'est d'ailleurs un arbre fétiche, qui porte bonheur au sol qui le nourrit, et qui fournit des troncs d'une telle dimension qu'on y a creusé des embarcations d'une seule pièce, portant jusqu'à vingt tonneaux. Les grandes racines, qui forment autour de son tronc ces abris dont nous avons parlé, se couvrent souvent d'une végétation cryptogamique parasitaire qui fournit un bon amadou.

Vient ensuite le beabab (adansonia digitata), dont les feuilles comme les fruits sont comestibles et recherchées aussi bien par les hommes que par les singes, quoique son fruit, que les indigènes mangent bien, soit nommé *pain de singe*.

Nommons encore, parmi les arbres les plus utiles, les palmiers, dont les plus remarquables sont : le zônier, aux feuilles en éventail; le cocotier et le dattier qui sont plus rares; parmi les bois durs, le *goutaké* (acacia adansonia), beau bois de construction; de nombreuses espèces de gommiers, qui, bien aménagées et soignées intelligemment seraient la fortune du pays; le cailcedrat (caya senegalensis), acajou du Sénégal, nommé aussi ivoire végétal; l'ébène; le karité (bassia Parkii), ou arbre à beurre, qui fournit le beurre nommé *cé* par les indigènes et *shea* par les Anglais, qui en font déjà l'objet d'un important commerce.

C'est un arbre appelé à un grand avenir, de l'avis de tous ceux qui l'ont étudié.

Le *kola*, *gourou*, *ombéné*, *nangoué* et *kokkorokou*, dans la langue populaire (*cola acuminata* ou *sterculia acuminata*), est un bel arbre de 10 à 20 mètres, assez semblable à notre châtaignier, et qui produit une sorte de noix ou châtaigne remplaçant, dans toute l'étendue de l'Afrique tropicale et équatoriale, le thé, le café, le maté et la coca. Cet admirable produit, l'un des plus estimés des indigènes, semble devoir faire un jour l'objet d'un grand commerce.

Les côtes de l'Océan, le cours des fleuves, les eaux des marigots et des lacs sont très poissonneuses et fournissent de nombreuses espèces. On y distingue les poissons électriques, deux espèces de caïman, dont l'une mange les hommes et dont l'autre est comestible. La côte fourmille de requins de petite taille, de sirènes et de lamantins.

A L'EXPOSITION.

L'exposition du Sénégal se compose principalement d'une réduction au tiers de la *Tour de Saldé*, l'un de nos postes militaires les plus anciens. Ce bâtiment

sert de salle d'exposition à une grande partie des pro-

duits du haut Sénégal exposés par le Comité organi-
sateur local ; il est entouré de cases, de hangars, de

mosquées et d'habitations diverses, étalage des principales habitations que l'on rencontre dans le pays, mais ce n'est pas comme la tour de Saldé par exemple, le fac-similé d'un village existant tel quel.

Elles sont habitées par une population indigène très intéressante.

Ce village contient aussi quelques animaux domestiques : des bœufs, le zébu ou bœuf à bosse et trois autres espèces ; des moutons qui rappellent les formes du mouflon, leur ancêtre et quelques petites chèvres.

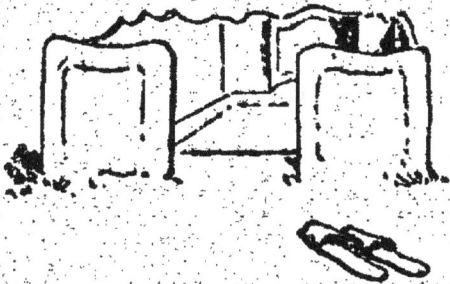

La Tour de Saldé, divisée en quatre parties, a été transformée en un musée ethnographique des plus intéressants. On y voit de riches tapis, de curieux tissus, des peaux, des fourrures, des objets de luxe, de religion, de fétichisme, de ménage, de guerre et d'agriculture ; à côté, de bizarres instruments de musique, tels que : *balafons*, sorte de tympanon, flûtes, guitares, violons en bois dur ou en calebasses recouvertes de peaux de serpents, avec des cordes en crin, tams-tams variés. On y trouve des pioches, des houes, des marteaux, dont la forme et l'agencement rappellent énormément les objets préhistoriques de cette nature, des armes qui procèdent les unes de l'art maure et les autres de l'égyptien, des sièges, des meubles de ménage, la plupart en bois et grossièrement équarris, juste assez pour être utilisés dans la nouvelle destination qu'ils ont ; des gris-gris, des fétiches où l'on chercherait vainement une idée artistique et divers bijoux d'or, d'argent, de cuivre et de fer.

Dans la première salle, la salle d'entrée, on admire un grand guerrier du Cayor tout couvert de ses armes primitives, de gris-gris, d'amulettes, de fétiches de toutes sortes.

Autour de lui, se voit une collection d'objets de chasse et de pêche, des amas de produits naturels et agricoles, des trophées d'armes, de fétiches, d'outils aratoires ou autres ; des selles, qui se rapprochent de celles des Maures ; des calebasses transformées en bouteilles, assiettes, plats, bols, etc. ; des produits naturels du pays, tels que : caoutchouc, gutta-percha, indigo, arachides, mil, riz, maïs, modèles de bateaux, dents d'éléphants, d'hippopotames, peaux de tigres, de chèvres, de serpents, etc.

Viennent ensuite les bois d'ébénisterie, de teinture ; les textiles et les graines oléagineuses, telles que les arachides, les pourghères, les ricins ; les cornes et les ivoires ; il y a aussi quelques échantillons de minéralogie.

De grandes et belles portières d'étoffes indigènes séparent cette salle des deux appartements avec lesquels elle communique. Dans la salle qui suit celle-là, à gauche, on voit une exposition de produits bruts faite par l'une des premières maisons du Sénégal, la maison Maurel et Prom, de Bordeaux.

On voit dans cette même salle, parmi les produits exposés, la noix de Kola, que nous retrouverons au Palais central, et la noix du Karité ou arbre à beurre.

Mentionnons encore une collection importante de plantes, de graines et d'écorces d'arbres dont les qualités fortifiantes, médicinales, curatives, fort estimées par les indigènes, l'ont été trop peu jusqu'à ce jour par les Européens.

Nous ne quitterons pas cette pièce sans mentionner une belle carte, œuvre de M. Ballot, administrateur principal, qui note un fait très important, la navigabilité de la rivière Ouémé, qui suit la frontière orientale, du Dahomey.

Il y a encore dans cette pièce des troncs de bambous, des cannes à sucre et une multitude de gris-gris.

A droite de la salle d'entrée, se trouve une exposition de produits agricoles classés ici avec sens par plusieurs exposants indigènes, notamment par M. Félix Cros, de Gorée. On y voit des gommes, des caoutchoucs, de l'indigo, des huiles de palmes, d'arachides, du coton, du miel, du riz, du gingembre, du maïs, du café. De riches tissus sont appendus tout autour et, dans un coin, se trouvent quelques meubles recouverts en peau de caïman et quelques reliures, aussi en peau de caïman.

On y voit encore une multitude d'objets de maroquinerie indigène, des poignards, des bourses, des blagues, des portefeuilles et une infinité de petits objets, de très belles tentures, des cordons et des flots aux couleurs variées.

L'emploi de la peau de caïman pour le recouvrement des meubles est une nouveauté que l'on doit à M. H. Lefèvre, un de nos habiles ingénieurs.

La quatrième et dernière salle contient une collection suffisamment complète des principaux articles d'importation que consomme le Sénégal; cette intéressante collection a été classée par M. André Aumont, l'un des plus importants commerçants de Saint-Louis.

Il y a beaucoup à faire au Sénégal, mais que nos producteurs ne se mettent pas en tête d'y faire accepter aux indigènes, pour le moment, autre chose que les marchandises d'échanges usuelles et connues d'eux depuis des années et, surtout, de vouloir les leur faire payer plus cher qu'ils n'en ont l'habitude, à cause de la qualité supérieure des produits.

Ils n'entendent pas raison à ce sujet et le *prix* est, dans leurs achats, la considération maîtresse.

On trouve suspendus sur tous les murs des quatre salles de la Tour de Saldé, des quantités d'oiseaux en peau, dont quelques-uns sous vitrines, valent de 80 à 120 francs pièce.

PALAIS CENTRAL DES COLONIES.

La plus grande partie des produits sénégalais se trouve dans l'aile gauche du Palais, mais on remarque dans le pavillon d'honneur diverses vues, paysages et types locaux. C'est en grande partie à M. Noirot que sont dues ces intéressantes études. On rencontre par ci, par là, des statuettes et des masques sculptés et surtout de nombreux instruments de musique, tels que : balafons, flûtes, bambaras, guitares, tams-tams divers, harpes et violons. Quelques meubles indigènes, des fourneaux, des gargoulettes de Dagana, des pipes, des vases à fleurs, des matchournés, des gris-gris et des calebasses. Des bandes d'étoffe pour pagnes, des pagnes entiers, des pagnes de Galam et des Sarrakholés, des tapis de laine maures, un guerrier et des costumes indigènes, quelques bijoux, des armes, telles que flèches, arcs, haches, lances, poignards, sabres, sacs à plomb et zagaies. On y remarque encore des gourmes, des oiseaux en peaux, des fourrures et pelleteries : ailleurs, des textiles, des tabacs, des instruments agricoles et enfin des cafés, des caoutchoucs, des modèles de barques de pêche et des filets, des réductions de fermes.

Mais la vraie exposition sénégalaise se trouve dans l'aile gauche du Palais, où elle occupe, au rez-de-chaussée et aux galeries, diverses vitrines ou meubles où on peut l'étudier utilement.

L'une des plus remarquables de ces expositions, est celle de la maison Wirminck et Bohm, de Marseille, directeurs de la Compagnie de l'Afrique occidentale. Ce sont deux sortes de vitrines reliées ensemble par une voûte, qui se trouve au milieu des deux grandes salles formant les deux ailes du monument. Dans la salle de gauche, la vitrine de gauche est garnie d'un grand nombre d'objets indigènes, dus surtout à l'industrie des Peulhs, des Ouolofs, des Sarrakholés, etc., etc. On y voit le beau travail que peuvent produire ces populations, sans éducation ouvrière et presque sans outillage, et l'on peut y admirer l'art des Peulhs, qui sont passés maîtres en leur genre. Dans l'ornementation en cuir des fourreaux de sabre, des carquois, des poignards, des lances, des piques ; dans leur fabrication de portefeuilles, de porte-monnaie (makaloumé, nafas et téré, gris-gris), ils se montrent d'habiles ouvriers.

Le centre de la vitrine nous offre quelques bijoux d'or et d'argent. La vitrine de droite est garnie de bocaux contenant une grande variété de graines oléagineuses, de flacons remplis de l'huile fournie par chaque espèce, et quelquefois du tourteau et des scourtins, dus à la grande pression que l'on peut obtenir, grâce à la perfection de l'outillage.

A l'entrée comme à la sortie du pavillon voûté, on peut admirer de belles tentures. Aux quatre coins de l'édicule sont artistiquement suspendues quatre défenses d'éléphants, de belles cornes d'antilopes et de grandes guitares. Dans l'intérieur se trouvent exposés des plans des principaux ports de la basse-côte et des rivières du Sud.

Grâce à l'exposition de la compagnie de l'Afrique occidentale, on a pu se rendre compte qu'il existait au Sénégal une civilisation et un art qui diffèrent des nôtres, mais qui sont bien loin de la sauvagerie. La seule chose qui manque véritablement à notre colonie ce sont des bonnes voies de communication qui, rendant les transports faciles, décupleront la production indigène et donneront une immense impulsion au mouvement commercial. Ce qui se produit actuellement le long de la petite ligne ferrée de Dakar à Saint-Louis le démontre péremptoirement.

Au rez-de-chaussée, l'exposition sénégalaise est remarquable à bien des points de vue. Nous remarquons notamment les expositions de MM. Noirot, Aumont, Cros, Rouzaud, du Comité central et de quelques indigènes parmi lesquels nous citerons le Lam Toro, Ibrahim N'diaye, chef du N'Diambour ; Yamar M'Bodj ; Samba Laobé, le joaillier de Saint-Louis, qui fait partie de la population qui habite le village et qui émerveille ses visiteurs par son habileté et la perfection des bijoux d'or et d'argent qu'il fabrique en présence du public ; Niokhor Thiam ; Mamadou Thiam ; Amady Natogo ; Mokhtar, le forgeron Trarza ; il faudrait citer tout le monde pour être juste.

Avant de quitter l'esplanade des Invalides, nous tenons à rendre hommage aux organisateurs de l'exposition coloniale ; à M. Henrique, commissaire général; à MM. Paul Revoil et Des Tournelles; à tous les présidents et secrétaires des Comités et à tous les délégués des colonies.

Nous dirons toutefois quelques mots rapides sur le Kola et ses qualités alimentaires et médicinales, que M. J. Naton a si intelligemment exposées dans la vitrine qui lui a été concédée.

Il y a, entre autres, une brochure de MM. Ed. Heckel et Fr. Schlagdeuhauffen, monographie très complète et très savante, qui a été couronnée, en 1883, par l'Association scientifique des pharmaciens de France.

Cette notice nous apprend que le *Kola*, connu dans le pays, sous les noms de *Gourou*, *Ombéné*. *Nangoué*, *Kokkorokou*, est le fruit du *Sterculia acuminata* ou plus simplement du *Kola acuminata*. Il est fortifiant, nourrissant, tonique et excitant. Très recherché dans l'Afrique tropicale et équatoriale, où il remplace avec avantage le *thé*, le *café*, le *manioc* et la *coca*, il contient une multitude de produits alcaloïdes et basiques, dont la pharmacie s'est déjà emparée. Mais son avenir est surtout dans ses qualités nutritives qui permettent à un voyageur ou à un militaire de se passer de toute autre nourriture. De plus, il jouit de la propriété de désinfecter presque instantanément les eaux les plus corrompues de façon à les rendre saines et agréables à boire.

Paris, juillet 1889.

ALF. GASCONI,
Député du Sénégal.

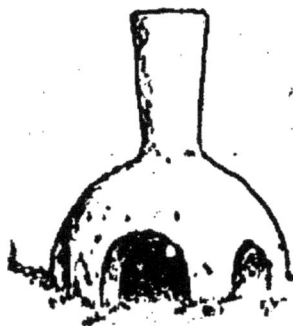

TUNISIE

La Tunisie s'étend de 31° 20' à 37° 20' de latitude N. et de 5° 40' à 9° 12' de longitude E. Elle est bornée au N. et à l'E., par la Méditerranée ; à l'O., par l'Algérie ; au S. et au S.-E., par le Sahara et la Tripolitaine. Sa superficie, approximativement évaluée, serait de 103,000 kilomètres carrés. Sa population d'environ 1,500,000 habitants.

PROTECTORAT FRANÇAIS. — RÉGIME POLITIQUE ET ADMINISTRATIF DE LA RÉGENCE. — Depuis le traité du Bardo, la Tunisie est placée sous le protectorat effectif de la France, qui sauvegarde la sécurité du pays et son administration financière.

Le Bey gouverne la Régence avec le concours d'un conseil composé d'un premier ministre, chargé des finances, d'un ministre de la plume, d'un ministre de la justice, d'un ministre des travaux publics, d'un ministre de la guerre et d'un ministre de la marine.

Les fonctions de ministre des affaires étrangères sont exercées par le ministre résident de France.

Le pays est administré par des gouverneurs et Kaïds, placés sous la surveillance de contrôleurs civils et de commandants militaires de cercle. Les Kaïds perçoivent les impôts de capitation et les dîmes ; ils règlent les affaires de simple police et les questions litigieuses.

La Tunisie est occupée par un corps de troupes françaises.

LE PAVILLON TUNISIEN ET SES ANNEXES. — La section tunisienne est située auprès de l'exposition algérienne et du même côté de la grande avenue centrale de l'es-

planade des Invalides. Cet ensemble se compose d'un
palais central, en façade sur l'avenue, d'un pavillon

servant à l'exposition forestière de la Régence, d'un bazar ou souk tunisien, d'une construction du Djerid et d'un café restaurant arabe.

Pour la façade principale et les façades latérales du palais central, M. Henri Saladin s'est inspiré du Bardo, du Souk-el-Bey, du Dar-el-Bey et de la Zaouïa de Sidi-ben-Arouz à Tunis.

Pour la façade postérieure, l'architecte s'est servi d'emprunts faits à Kairouan. Comme tout palais arabe, le pavillon tunisien a sa cour intérieure, ses colonnes et sa galerie circulaire, rappelant la belle mosquée du Barbier, aux portes de Kairouan. Au centre de la cour intérieure se trouve un bassin, autour duquel on a posé une antique mosaïque provenant des ruines de Carthage.

Le pavillon des Forêts est entièrement construit de troncs de dattiers ; il est revêtu à l'intérieur de nattes qui lui donnent le caractère tout particulier des constructions de certaines oasis.

La maison du Djerid est construite en briques séchées au soleil, comme le sont presque toutes les maisons du Nefzaoua.

Le Souk ou bazar est une suite de petites boutiques se faisant face, leur ensemble est à peu de choses près la reproduction d'une partie du Souk de Tunis, mélange de boutiques du Souk des tailleurs et de celui de El-Attarin, le marché des parfums.

Le palais central. — Le palais se compose de trois parties qui s'étendent autour de la cour intérieure, à ciel ouvert, à laquelle on accède par un grand vestibule au plafond orné d'arabesques fort originales. La première de ces parties, celle de droite, comprend l'exposition des produits de l'agriculture et de la viticulture. La seconde, celle de gauche, le salon spécial du Bey, l'exposition des travaux publics et des industries diverses. La troisième, celle de la façade postérieure, les documents archéologiques, les Beaux-Arts et les services de l'instruction publique.

Quand le visiteur a pénétré dans le grand vestibule de la façade, il rencontre à sa droite un magnifique plan en relief de la ville de Tunis, du lac Baïra et de ses

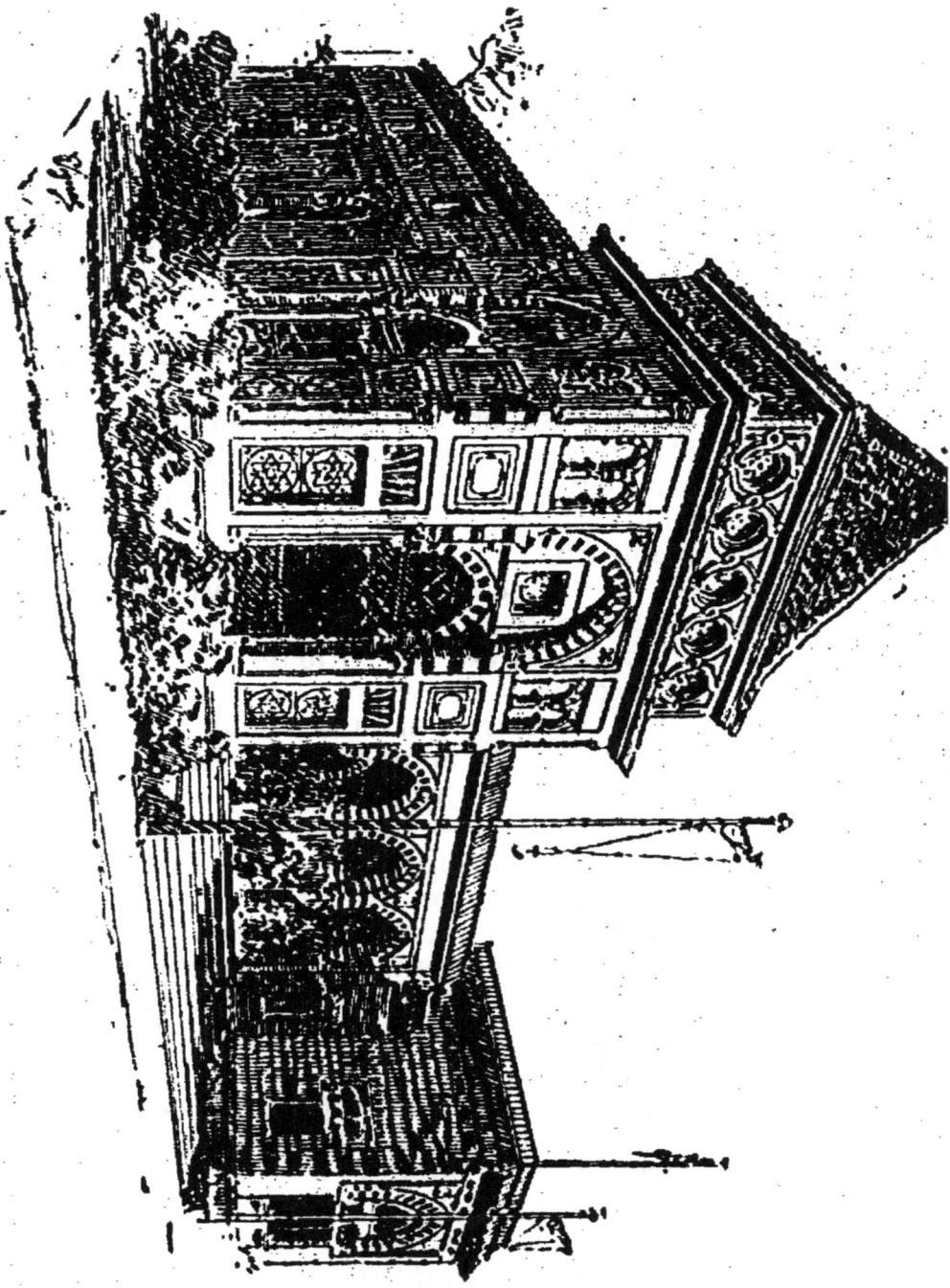

environs. On distingue très bien la Goulette, avec sa rade où mouillent les transatlantiques faisant le trajet de Marseille à Tunis en trente-six heures, le petit chemin de fer Rubattino, qui conduit de la Goulette à Tunis, avec sa bifurcation pour La Marsa. Dans le lac Baïra, l'artiste a figuré en entier le chenal qu'on creuse en ce moment pour permettre aux navires de pénétrer dans cet immense bassin qui deviendra bientôt le port de Tunis.

Dans la galerie circulaire on verra des revêtements en carreaux de faïences à la façon arabe ; des plaques de marbre magnifiques provenant des belles carrières de Schemtou, dont nous aurons occasion de reparler ; des modèles en relief des phares de l'île Kuriat et du cap Serrat, en construction ; des aquarelles ; des types de balancelles pour la pêche dans le golfe de Tunis, de Korebs naviguant sur les côtes de Tunisie et de Tripolitaine.

En faisant tout le tour de la galerie, on arrive en face de l'exposition de MM. Coulombel frères et Devismes, fermiers pour les pêches en Tunisie. Cette exposition particulière comprend des échantillons d'éponges, d'écailles de tortues de mer et de poulpes sèches. Le commerce des éponges est un des plus importants de la Régence ; les poulpes sèches sont vendues sur les marchés tunisiens ; les Arabes en consomment de grandes quantités, comme nous consommons en France les morues sèches de Terre-Neuve et d'Islande.

A côté de l'exposition de MM. Coulombel frères et Devismes, on remarquera les photographies des pêcheries de thon de Sidi-Daoub, et la série des cartes dressées depuis quelques années pour l'observation des pluies et des vents.

En pénétrant dans l'aile droite du palais, on se trouve devant les expositions de la Société générale des huileries du Sahel Tunisien et de M. A. Gandolphe, de Sousse. On connaît l'importance de ces produits tunisiens et la richesse du Sahel en forêts d'oliviers. La culture de cet arbre se développera considérablement lorsque les capitaux français se seront portés de ce côté, comme cela est déjà fait pour la vigne. Ce mouvement se produira certainement le jour où la culture et l'exploitation des oliviers seront soumises à une réglementation moins vexatoire que celle actuellement encore en vigueur.

La Société de l'Enfida expose toute une collection de produits agricoles provenant de ses magnifiques terres de Dar-el-Bey : céréales, blés durs, orges, haricots, lentilles, etc., et toutes sortes d'outils arabes servant à l'agriculture indigène, machines à dépiquer, charrues arabes, outils primitifs que nos colons ont bien vite remplacés par des machines perfectionnées. On remarquera les superbes pommes de terre de Porto-Farina.

Les vins tunisiens exposés par les viticulteurs français méritent toute l'attention du visiteur.

On estime actuellement à une dizaine de mille hectares l'étendue des vignes plantées en Tunisie par les colons français. Le rendement des vignes de quatre à cinq ans atteint, pour les meilleures années, le chiffre de 80 hectolitres à l'hectare, alors qu'en France on obtient difficilement 25 et 30 hectolitres.

Les localités où la culture de la vigne s'est le plus développée sont : la Manouba, la Marsa, la vallée de Mornag, les environs de Tunis.

A Hammam-Lif, et dans la presqu'île du cap Bon se trouvent de forts beaux vignobles; celui du bordj Cedria appartient à M. Potin, et ce n'est pas s'avancer que de prédire qu'avant deux ans toute la clientèle de ce grand marchand de Paris ne boira plus que du vin tunisien.

A M'Raisa, à Zaghouan, à Dar-el-Bey, sur la route de Sousse, à Kairouan, à Sfax, la vigne vient admirablement et donne des résultats magnifiques.

C'est au point que l'on peut dire, sans crainte de se tromper, que le plus grand avenir de la Tunisie consiste dans l'étendue de ses vignobles et la qualité de ses vins, susceptibles de devenir d'excellents crus.

Citons les noms des principaux producteurs qui figurent à l'exposition tunisienne : la Cie Bône-Guelma, qui utilise en vignobles les terres en bordures de la voie ferrée; M. Géry, dont nous avons visité la belle propriété de l'Oued-Zarga; la Cie Franco-Africaine, dite de l'Enfida ; MM. Crété, de l'Espinasse, Duvau, Ferrando, Reclus-Guignard, Lunel, Marsot, du Martray, Th. Pilter et Fils, Terras, Bouloux, Brolleman et Cᵉ, de Canières, C. Alane, d'Espaigne, La Vigerie, Leroy-Beaulieu, A. Ferret, Dumont, Polin, Siméon Allal.

A l'extrémité de la galerie se trouve un très beau plan en relief de la Tunisie, d'après les cartes de l'État-Major ; malgré la rapidité avec laquelle elles ont été dressées, ces cartes sont relativement parfaites.

A côté des vins et des céréales, voici des photographies du haras de Sidi-Tabet destiné à l'amélioration des races chevalines, bovines et ovines. Les premières conditions imposées par le gouvernement beylical étaient contraires aux intérêts de cet établissement ; elles ont été tant soit peu modifiées. Elles permettront de poursuivre le perfectionnement des races indigènes, presque toutes dégénérées par le manque de soins et de nourriture, au lieu de chercher tout d'abord les améliorations par le croisement avec des races encore mal acclimatées dans le pays.

Dans l'angle du pavillon le visiteur remarquera une collection de bêtes empaillées. La faune tunisienne n'a rien de remarquable ; le lion a disparu du pays depuis bien longtemps ; à peine entend-on parler de temps à autre de panthère dans la région des forêts de la Kroumirie. Par exemple le chacal abonde, ces bêtes doivent être l'objet d'une surveillance continuelle au moment des vendanges à cause des dégâts qu'elles commettent dans les vignes. La hyène, aussi lâche que le chacal, rôde la nuit autour des habitations et s'enfuit à la moindre alerte. Les reptiles sont assez dangereux, mais ils ne se rencontrent que dans certaines régions ; le scorpion est aussi un des désagréments du pays.

Le gibier abonde en Tunisie : la perdrix rouge est excellente, le lièvre presque aussi bon que le nôtre, la poule de Carthage, la bécassine, la caille, etc., sont des gibiers ordinaires dans ce pays où l'alouette est presqu'un fléau au moment des semailles et des récoltes.

Bien que l'Arabe soit grand chasseur, le gibier est encore abondant en Tunisie, à cause de la difficulté que les indigènes ont à se procurer de la poudre et du plomb. On ferait dans certaines parties de la Tunisie de merveilleuses chasses aux sangliers.

Depuis notre occupation, une direction de l'Instruction publique a été créée en Tunisie ; les spécimens d'ouvrages, les cahiers et modèles exposés, le grand tableau dressé pour la statistique des écoles, indiquent les progrès importants qui ont été réalisés au point de vue de l'enseignement, sous la direction de M. Machuel, dont tout le monde se plaît à reconnaître le zèle éclairé.

En continuant à avancer, nous rencontrons des spécimens de poteries de Djerba et Nebeul, les deux centres importants de cette fabrication pour l'approvisionnement de la Régence.

Nous retrouvons, parmi quelques aquarelles, une excellente toile de Pinel représentant une jeune fille de Gabès.

Voici le plan en relief du temple de Suffetula (Sbeïtla), à l'échelle de 0.02 centimètres pour mètre, d'après les relevés et sous la direction de M. Henri Saladin. On y a même reproduit la tranchée que cet architecte fit faire, il y a quelques années, lors de la mission qui lui fut confiée par le ministère de l'Instruction publique. Nous avons pu constater l'hiver passé, que ces magnifiques ruines sont encore dans le même état. Quel malheur que le gouvernement beylical ne puisse s'occuper de leur entretien.

Une grande vitrine renferme les collections d'antiquités du cardinal Lavigerie et du commandant Marchand. Nous sommes dans la partie du palais affectée aux missions scientifiques. Le visiteur pourra passer en revue les nombreuses photographies exposées, les poteries romaines et carthaginoises, les antiquités prêtées par le musée A... L'objet le plus intéressant de cette collection est la reproduction d'un tombeau punique (VI⁰ siècle avant J.-C.), trouvé à Carthage.

L'exposition tunisienne a aussi sa section des mines et carrières. Mais les exploitations minières n'ont pas encore été sérieusement entreprises. Il n'en est pas de même pour les magnifiques carrières de marbre de

Schemtou, à quelques kilomètres de la gare de l'Oued-Mélir, sur la ligne de Tunis à Gardimahou.

Les carrières de Schemtou étaient exploitées du temps des Romains; elles faisaient partie du domaine impérial et fournirent la plus grande partie des marbres des palais carthaginois et romains. Certaines parties des carrières sont dans l'état où les ont laissées les Romains; des blocs extraits et à moitié travaillés sur place, des outils trouvés ont permis de se rendre compte de la façon dont travaillaient les Romains. Certains morceaux portent des inscriptions très lisibles, marquant à Schemtou le passage de l'empereur Hadrien.

Les carrières de Schemtou sont aujourd'hui en pleine exploitation, grâce à M. Géry, l'un des hommes qui ont le plus fait pour l'influence française en Tunisie; elles fournissent des marbres d'une variété et d'une finesse qu'on ne rencontre certainement ni en Italie ni en Belgique. Les marbres de Schemtou retrouveront leur antique réputation et prendront la première place parmi les marbres les plus recherchés.

Voici enfin la classe des bijoux, vêtements et tapis. Un salon a été installé en l'honneur du Bey pour y exposer les riches vêtements, admirablement brodés, que portent les grands seigneurs tunisiens et les grandes dames arabes.

LE PAVILLON FORESTIER. — Ce n'est pas seulement l'originalité qui a inspiré à l'architecte de la section tunisienne l'idée de se servir de troncs de dattiers pour construire le pavillon des forêts. Cet arbre fournit exclusivement le bois des constructions dans les oasis du sud de la Régence; la nécessité rend toujours l'homme industrieux.

Dans le sous-sol de cette construction a été ménagée une cave destinée aux vins que les colons français de la Tunisie exposent; le public est admis à les déguster.

En affectant aux forêts de la Régence un pavillon spécial, le Comité a voulu indiquer qu'elles sont, depuis l'établissement du protectorat français, l'objet d'études sérieuses. Les forêts de la Tunisie peuvent être divisées en deux groupes limités par la vallée de la Medjerdah. Au nord, sur les montagnes de Kroumirie, sont les forêts de chênes « zen » et de chênes-lièges ; dans l'ouest sont les forêts de pins d'Alep et de chênes verts ; dans le sud un certain nombre d'acacias à gomme.

L'administration forestière de la Régence a déjà fait beaucoup pour la conservation et la reconstitution des forêts, mais ce n'est rien quand on songe à l'œuvre à accomplir. Après qu'on aura résolu la question des voies de communication et de pénétration, les riches forêts des massifs de la Kroumirie et des Mogods seront mises en exploitation régulière et fourniront des ressources au reboisement des régions dénudées. Cette dernière question est une des plus importantes pour le pays ; sa conséquence naturelle sera une notable amélioration dans le régime des eaux, et la transformation de certains oueds, torrents impétueux et dévastateurs pendant la saison des pluies, en cours d'eau plus réguliers.

LA MAISON DU DJERID. — Cette construction en briques séchées au soleil, à la façon tunisienne, est la reproduction exacte des plus riches maisons des grandes oasis du sud. Elle renferme une collection de meubles, de tissus brodés, de bijoux, de selles et harnachements, exposés par les plus importants industriels et commerçants de Tunis et de la Régence : Achem Zarouk, Mohamed ben Zaccour, Youssef Khaiat, Bechir ben Abdallah, Sadok Tammar, Mohamed Chemmah et Barouch.

LE SOUK TUNISIEN. — La première visite des étrangers qui débarquent à Tunis est toujours pour les souks, immense bazar où sont accumulés tous les produits importés ou fabriqués dans la Régence. Une certaine régularité existe dans le groupement des produits exposés dans ce bazar qui se divise en souks de marchandises différentes : les souks de la sellerie, des chaussures, des parfums, des tapis, des armes, des bijoux et celui des tailleurs sont les plus visités. On a voulu donner, dans la section tunisienne, un échantillon de ces petites boutiques où le marchand, mauro ou juif, attend, avec une patience orientale, le client qui marchandera une heure durant un objet dont la valeur aura été surfaite de façon exagérée.

La souk des Invalides se compose de vingt-six boutiques renfermant à peu près tous les spécimens de
l'industrie tunisienne. Ici le marchand de tissus et de
cordages faits de poils de chameau, là des vêtements
brodés, des chéchias, des parfums, des armes, des babouches, des antiquités trouvées dans les ruines du
pays, un café maure, un ferblantier qui utilise des boîtes
à pétrole, un barbier et un tourneur qui obtient un
véritable succès avec les tontons qu'il tourne, travail-
lant de ses vingt doigts de mains et de pieds.

Les magasins de Sadihk Bonan et de Mohamed et Ali
Barbouchi frères sont les plus visités. Très connu des
étrangers qui vont à Tunis, Barbouchi est en train de
se faire une grande réputation parisienne avec ses superbes tapis de Kairouan et d'Oudref, ses couvertures
de Gafsa et de Djerbah, ses soieries indigènes, ses
vieilles armes, ses lainages aux couleurs chatoyantes,
qui sont à des prix fort raisonnables.

Nous ne terminerons pas cette nomenclature de produits et d'exposants sans citer les selles de Maurice
Lambert, un Français établi depuis longtemps à Tunis,
la bijouterie de Mustafa Rasqual, les moulages en plâtre
d'Ali Sekka, de Mustafa Terdjman et de Moatoug.

En somme, la section tunisienne est certainement
une des plus originales et des plus intéressantes de
l'Exposition coloniale, et nous devons savoir gré au Bey
de Tunis de la bonne grâce avec laquelle il a répondu
à l'invitation que la République française lui avait
adressée.

ADRIC RICHARD.

L'ART

A L'EXPOSITION DES COLONIES FRANÇAISES

La mille et unième nuit était déjà fort avancée, lorsque la sultane ajouta :

« Grand prince! La précieuse lampe appartient au-
» jourd'hui à la plus belle ville du globe, capitale d'une
» grande nation dont le calife est le plus honnête
» homme du royaume. Elle est placée sur un pié-
» destal qui se perd dans les nues ; la lumière qu'elle
» projette éclaire les étoiles ; les génies qui lui obéissent
» ont fait surgir autour d'elle des palais innombrables
» d'émail et de métaux précieux. Plusieurs, revêtus de
» rubis et d'émeraude plus gros que le bonnet de Votre
» Majesté, brillent la nuit comme des phares. Et les
» races les plus diverses ont construit une ville auprès
» d'elle ; et les peuples les plus éloignés y font des
» pèlerinages. »

Nasser-ed-Din, émerveillé de ce récit, manda son
médecin, le chef de ses eunuques, le premier ministre,
et le même jour, suivi d'une nombreuse escorte, se
dirigea vers l'Occident.

Qui oserait contredire la voix d'or. L'Exposition
universelle n'offre-t-elle pas le plus suggestif des
voyages, le plus étonnant résumé des choses de notre
globe ? Comment ne pas s'extasier devant ces merveilleuses cités, éphémères apparitions, nées d'hier et

destinées à mourir demain, après avoir charmé nos
yeux du spectacle de toute l'humanité !

Je ne pense pas qu'il soit possible de trouver en un
si petit espace, une plus étonnante accumulation de
tableaux pittoresques, coloriés, variés, depuis le pavillon algérien qui dresse altière la silhouette de sa
casbah, jusqu'à la pyramide cambodgienne étageant
ses parasols. Ce ne sont que villes et villages, perdus
dans les quinconces, protégés par les tours crénelées
du ministère de la guerre, couronnés par le dôme d'or
qui parle du grand siècle et abrite César.

Ici, sous les tapisseries aux pourpres éclatantes,
brillent les yeux enluminés des almées voilées d'étoffes
claires. Là, sous une tente sombre, l'œil distingue à
peine les loques effilées des pauvres négresses.

Et les cités, blanches ou noires, de plâtre ou de joncs,
perdues dans les profondeurs des hautes verdures,
se succèdent, se côtoient, s'accrochent à une mosquée,
aboutissent à une fontaine, s'adossent aux murs dorés
d'un palais et ne se ressemblent jamais.

De ci, de là, les types les plus disparates : Ali-Baba
offrant ses ânes aux cruches qu'il peut voler ; Aladin
vendant à vil prix une cargaison authentique de
lampes merveilleuses ; marchands de dattes, si bien
attifés de guenilles multicolores que je les couronnerais
à ma place, si j'étais roi.

A la fontaine, un mamamouchi à longue barbe donne
à boire à une petite Kabyle en tenant à la hauteur de
sa bouche un reluisant seau en cuivre ; l'autre fillette
attend son tour. Tout près, un Bédouin est couché
dans une telle prostration qu'on peut le croire foudroyé
par Allah !

Et c'est le grand et long Boum-Boum, qui domine la
foule de toute la hauteur de sa crinière noire, et traîne
son burnous avec la majesté de don César de Bazan.

Autour de ces excentriques, de ces villages, de ces
palais, se glissent de toutes parts, comme une nuée de
moineaux, les jaunes chapeaux pointus des petits Annamites, flanqués de leurs pousse-pousse minuscules,
remplaçant les voitures à chèvres de nos Champs-
Élysées.

Pour compléter ce monde en miniature, exotique et curieux, à la porte de chaque petit palais d'or, de chaque village de joncs, gardant les lacs et les pirogues, les monstres et les divinités, est posé gentil, jeunet, coquet, un petit soldat tonkinois, que tous les soirs Gargantua remet avec ses frères dans une fine boîte de bétel laqué.

Par une opposition effroyable, ce tout multicolore est entouré d'une foule énorme, immense serpent noir, aux enroulements infinis. Celui-ci remplit la rue de l'Ogowé, et le village pahouin disparaît dans ses anneaux ; il couvre la place de Pondichéry, les Antilles et le Gabon-Congo! Heureusement, ce qui borde le torrent ne semble guère s'en inquiéter. Ici, avec le calme asiatique, les petits charpentiers tonkinois érigent une nouvelle pagode des dieux, une merveille de bois sculpté, évidemment destinée à l'admiration des visiteurs de l'Exposition de 1890 ; et trônant, majestueux, Sadihk-Bonan et Ali-Barbouchi, les deux richards rivaux du souk tunisien, se foudroient impassibles, au-dessus de la foule ébahie.

Et le serpent noir vous saisit, vous conduit dans ses anneaux compacts et serrés, contre les habitations de paillottes au point de les renverser. Par instant, le monstre s'arrête, et laisse passer, au milieu de hurlements blancs, une négresse sénégalaise exhibant sur son dos la mouvante sapinière, noirâtre et frisée, d'un gentil négrillon.

Si on entre avec cette foule dans le palais des colonies, l'amoncellement des objets bizarres vous plonge dans un état d'esprit encore plus dangereux ; soit que l'on admire les dessins canaques, faits avec le feu sur les feuilles de niaouli, ou leurs flûtes pour le nez ; les instruments de Mayotte, portés au mollet ; les colliers en graines de « ouabé » et de « cheri-cheri » de l'Inde ; les cravaches en queue de raie ; les pagnes en peau de biche, de singe, en fils d'ananas ou de bananier ; les tours de tête avec queue et gorges de toucan de la Guyane ; le perroquet carnivore, qui s'attache aux flancs du mouton et lui mange le gras du rognon ; les jupes de Tahitiennes ornées de « réva-réva », pellicule

de la feuille naissante du cocotier ; les colliers de cheveux ornant les jambes de leurs enfants ; enfin les
tatouages de celles qui, dédaignant les jupes, acceptent
pendant des années des souffrances inouïes, entraînant
quelquefois la mort, pour arriver à avoir un costume
élégant. Si l'on boit l'eau-de-vie de noix de coco ou de
miel, et que l'on mélange ces boissons avec les confitures de bergamote, de goyave, de citron, d'orange, de
pamplemousse, de papayer Et surtout si on se laisse
entraîner par la passion des fétiches : les spectres
fétiches, sifflets fétiches, tigres fétiches, visages fétiches, fétiches médecins et même fétiche avocat. Enfin
si on se laisse attirer par les tintillements des cloches,
clochettes et clochettines, accompagnant en majeur
et en mineur les hurlements gutturaux des acteurs
annamites, ou par le grondement saccadé des tambourins, qui annonce que l'Aïssaoua broie dans ses
dents le verre pilé et fait sortir les yeux de leur
orbite. A ce moment il est grand temps de fuir, si on ne
veut co···· le risque de perdre la boussole, et ne plus
rien comprendre.

C'est que le capharnaum cosmopolite se complique
de plus en plus dans un pêle-mêle et un tumulte fou.

A ce point de vue, un café franco-annamite est arrivé
au plus parfait résultat que l'on puisse espérer en ce
genre. Dans l'intérieur d'une pagode aux blancs murs
brodés de temples multicolores, soutenus par des
poutres rouges hérissées de lettres chinoises, une
bande italienne mélange les valses de Strauss aux
chansons napolitaines, pendant que des Annamites
servent le bitter-curaçao aux Anglais, aux Auvergnats,
aux Finlandais. A droite, un tirailleur tonkinois fait la
police ; à gauche, un prince sénégalais lorgne la chan-
teuse, qui le comble de joie en lui donnant en mesure
sur la nuque des coups de tambour de basque. Dix
minutes de ce spectacle, et les idées se brouillent, la
tête éclate ; les yeux croient voir fondre des flots de
kouss-kouss dans les trains Decauville ; des flottes
d'orphéonistes brandissent les canons monstres de la
forge Canet ; les dieux de l'Indo-Chine oublient leur
sacré caractère, en s'exclamant devant la danse du

ventre d'almées nées à Batignolles, la patrie de l'humanité; et la tour de Babel semble exhumée de ses ruines, pour faire tourner jusqu'au ciel les jambes, les bras, les têtes, dans ses longs et rouges tourbillons lumineux.

Allah! Wishnou! Siva! Protégez-nous!

Certes, il y aurait peut-être beaucoup à dire sur ces exhibitions, même très réussies, comme celle de l'Esplanade. Nos compatriotes ne sont pas assez voyageurs, ils ne seront que trop portés, après une visite à l'Exposition, à croire que, dorénavant, il leur sera bien inutile de se déranger. « Allons à Java, dit mon voisin. Non, j'aime mieux visiter l'Algérie, répond ma voisine »; et de fait, le soir, ils rentrent assez fatigués pour croire, de bonne foi, qu'ils ont accompli, en quelques heures, un voyage de milliers de lieues. Combien ne serait-il pas difficile de leur faire comprendre que, si étonnante soit-elle, l'impression reçue par la visite des villages canaques, pahouins, tonkinois, ne donne pas absolument au visiteur la note juste qu'il recevrait s'il les avait vus dans le pays même. L'Africain ou l'Asiatique qui, aux Invalides, semble se réfugier dans un trou noir à la façon des taupes, en réalité dans son pays se met à l'abri d'un soleil implacable, sous une case très claire, et dont l'ombre est encore plus brillante que le plein air de nos jours gris. Il s'ensuit que les cases de l'Esplanade offrent des effets de clair obscur qui semblent appeler les fusains de Lhermitte ou de Vignal, les magies d'un Rembrandt. Et cette jeune femme, à la porte du village, accroupie dans sa robe rouge et son voile blanc, qui se détache sur la verdure des quinconces comme une fleur éclatante irisée par le soleil, appelle les pinceaux Boureat.

Quoi qu'il en soit de ces critiques, il est évident que la visite de l'Esplanade est le plus amusant, sinon le plus instructif des voyages. Pourquoi la Société du jardin d'Acclimatation, à la place des quelques rares et timides exhibitions qu'elle nous donne, ne sortirait-elle pas de son inertie? Dans les grandes pelouses du Bois de Boulogne, que l'État lui octroirait avec plaisir, quel musée ethnographique elle pourrait créer à peu de frais ! Moins serré, plus complet que celui de l'Esplanade, en profitant des matériaux que laissera l'Exposition dans trois mois. L'Etat, la ville, les colonies, tout le monde lui viendrait en aide, et notre établissement de Paris serait, plus que jamais, une attraction, une gloire, un profit même, au milieu de tous les attraits incomparables qui constituent Paris.

Au bois de Boulogne comme à l'Esplanade, nous admirerons comment le barbare, avec les procédés les plus simples, donne aux moindres objets qu'il produit une expression incomparable, un charme, un goût que ne sait comprendre, ni imiter le civilisé, inventeur des machines les plus perfectionnées.

Heureusement la galerie de tableaux du palais algérien est la preuve que nos artistes, comme Delacroix, Decamps, Fromentin, Guillaumet, ne cessent d'admirer et de comprendre la supériorité artistique de nos colonies orientales. Avec eux peut-être trouverons-nous un jour qu'il y a au monde quelque chose de plus beau que le *très chic*, les politiciens, les poupées articulées, la science des salons et la nervosité moderne.

C'est la nature africaine, le soleil, le ciel bleu, la mer verte, la forte carrure des femmes arabes, la noble impassibilité musulmane, le monde biblique et rêveur, les tribus groupées sur les roches primitives, chantant les complaintes antiques et pleurant les temps passés, la poésie perdue.

En Europe, l'art moderne est factice, car il n'est que le résultat des conventions qui l'établissent, des modes qui l'entraînent. Là-bas il est grand, solennel et harmonieux, parce qu'il vit et grandit dans son milieu naturel.

Heureux nos compatriotes qui comprennent et savent jouir de la noblesse et de la grandeur de nos possessions d'outre-mer. Plaignez-nous, heureux exilés ! Plaignez les agités du brouillard et du froid. Sous le palmier on s'écoute vivre et l'on rêve.

Peut-être aussi avons-nous tort de gémir sur nos destinées. Si parfois la France guerrière a subi des dé-

faites, la France intelligente toujours les a réparées.
L'Exposition universelle de 1878 a étonné le monde,
surpris d'un réveil si soudain ; celle de 1889 est un
triomphe. La lampe merveilleuse qui domine les palais
élevés à la place d'un champ de manœuvre, éclaire la
route de la science, indique à l'art son apogée.

II

Une grande leçon artistique résulte de l'ensemble de
l'Exposition coloniale ; c'est le goût absolu de l'Afrique,
de l'Asie comme de l'Amérique, pour la polychromie,
pour la richesse des couleurs, aussi bien dans les
constructions que sur les vêtements et les objets les
plus divers.

Que ce soit le flamboiement rougeâtre du palais des
colonies, les éventails d'or du temple cambodgien, les
harmonies vertes ou bleues des mosquées arabes, ou les
profusions de couleurs chromatiques qui recouvrent
les façades indo-chinoises, partout la richesse des colorations de ces monuments offre une opposition
triomphale avec la froideur sèche des prétentieux palais qui remplissent l'aile droite de l'Esplanade.

Pour tous les peuples artistes, le blanc, fantôme funèbre, reflet de l'astre glacial des nuits, fuit à la
moindre caresse du soleil. Il disparaît dans l'or de ses
rayons, qui font naître la couleur sous leur chaude
lumière. Au doux appel du dieu, le suaire livide se
déchire, le moindre ornement, une colonne, une pierre
s'éveille, se revêt de couleur, et, avec la couleur, apparaît la vie.

Non seulement l'architecture, mais même la sculpture, était peinte chez tous les peuples qui ont pratiqué cet art.

Du fait que nos statuaires font tous les jours des
chefs-d'œuvre sans les ressources de la polychromie,
que Phidias est à jamais admirable, même à Londres,
dans la salle brumeuse, et sans la riche enveloppe de
tons dont il avait revêtu ses œuvres, il ne s'ensuit pas

que la sculpture monochrome ne donne pas une expression d'art inférieur. Parce que la mélodie peut être
parfaitement exprimée sous l'archet d'un seul violon,
ne gagne-t-elle pas à être soutenue, accompagnée par
toutes les harmonies de l'orchestre ?

Puisque les couleurs se font valoir l'une par l'autre
et qu'elles composent, pour tous les esprits délicats,
une symphonie analogue à celle des sons ; puisque
chacun saisit des rapports constants entre sons et couleurs, n'est-il pas évident que ces rapports doivent
être plus complets encore entre forme et couleur, alors
que dans la nature ils sont inséparables ? Et si, dans
la nature, la forme est inséparable de la couleur, de
même, dans la vie particulière créée par le sculpteur, la
polychromie ne peut être abandonnée comme inutile.
N'est-elle pas une ressource de plus pour donner
l'existence à son rêve, une affirmation nécessaire de
son sentiment, de ses intentions ?

Le sujet, la forme, les couleurs, ne peuvent-ils par
le choix s'unir en un tout harmonieux ? Je souligne
par le choix, les éléments divers devant se mettre au
service d'une pensée qui les discerne et les emploie.

Essayons de formuler le principe, la loi, celle qui
permet toutes les fantaisies, toutes les hardiesses de
la polychromie, et la constitue un art.

Presque toujours, la forme est réelle, palpable et
souvent reste telle. Au contraire, la couleur toujours
est changeante et souvent fugitive. Le soleil, qui
la donne, la varie à chaque heure ; c'est un fantôme
fluide ; suivant l'intensité de la lumière, elle apparaît,
disparaît, s'illumine ou s'assombrit. Son éclat charme
l'œil, parce qu'il répond à l'illusion du rêve et chante
une symphonie dans notre cerveau. L'horticulteur a
compris la liberté de fantaisie que la couleur donne
aux choses et, par son art, le lilas s'est fait blanc, le
rose est devenue noire. Ces métamorphoses n'ont pas
choqué notre raison et nos yeux s'en sont éblouis. Ce
que la science a pu se permettre, réaliser sur la nature
même ; l'art peut-il craindre de le faire sur les images
qu'il procrée ? Et si un Jean Goujon, un Primatice, ont
pu allonger le corps de la femme à l'image du lis

flexible, le peintre ou le sculpteur coloriste ne pourra-t-il lui donner une couleur toute aussi conventionnelle, en rapport avec l'esprit et la pensée qu'il veut proclamer? Dans cet ordre de choses et en accord avec l'idée, toute liberté doit être admise. Il en est de la couleur que l'artiste donne au corps humain, par sa volonté et suivant le reflet de son esprit, comme de la couleur que les objets reçoivent en réalité par le reflet des choses avoisinantes. Il semble bien que si le corps d'une femme et ses vêtements reflètent le vert des arbres qui l'environnent, c'est qu'une loi d'harmonie l'impose. Les insectes ne prennent-ils pas les couleurs des substances sur lesquelles ils vivent? Dans l'art, toutes les formes figurées perdent leur couleur dite réelle, c'est-à-dire de convention, pour prendre celle du milieu, celle du sentiment, de la vie, dont l'artiste a choisi l'expression.

Qu'on le croie bien, l'art dans ses fantaisies les plus excessives, surtout dans les colorations, sera toujours loin, très loin des productions de la nature.

Il n'est pas de colorations arbitraires. Ce qui existe c'est l'art, la fantaisie, la vie, la lumière. Et quand on croit donner à chaque objet sa couleur dite vraie, on tombe dans une convention réaliste, sans art et toute de mort.

L'évanouissement de la couleur avec le temps est cause que l'essence même de la statuaire grecque est incomprise. Cet art est né d'Apollon, dieu Soleil, créateur de la lumière, c'est-à-dire des formes et des couleurs. Pour exprimer la vie, formes et couleurs sont, pour toutes raisons, nécessités, harmonies inséparables; même aujourd'hui, les habitants de l'Orient n'acceptent pas l'horreur du blanc, langage de la mort; ils fardent les cadavres pour les porter au cimetière.

Je me rappelle surtout cette impression au souvenir d'une de mes dernières excursions aux environs d'Athènes, dans la plaine inhabitée, au sud de la ville moderne, près les ruines de l'enceinte antique, d'où partent et la voie sacrée — celle qui conduisait les théories de fidèles à l'initiation mystérieuse d'Éleusis — et la route fréquentée sous Périclès par la jeunesse et les courtisanes. A cet endroit, le panorama est superbe, et grandiose l'aspect de l'Acropole. Majestueuse, elle s'élève, elle domine; elle redresse fièrement dans sa ceinture antique son buste de vierge adorée, la tête parée, comme d'un diadème éclatant au soleil, du fronton magnifique de son temple immortel. On venait d'exhumer, à l'angle de la voie où trônaient les Phrynés, les Laïs, Aspasie, un marbre, tombeau sans inscription, pourtant significatif. C'était un lit sculpté avec un art exquis, orné de frises délicieuses déroulant les plus glorieux triomphes de Vénus, de l'Amour. Sous un soleil ardent cette couche somptueuse, justement parce qu'elle restait vide, muette, parlait éloquemment de l'absente. Elle faisait rêver de son beau corps, ressuscitait une des courtisanes célèbres que les Grecs adoraient jadis. Je la devinais couchée, endormie, enveloppée de la chaude teinte des Vénus de Phidias et de Praxitèle, de la pourpre rose qui anime les nuées, enflammées par les regards brûlants de l'amant de Daphné. Ainsi elle ressemblait aux belles Grecques défuntes, de fleurs enguirlandées, encore de nos jours portées à découvert dans leurs lits suprêmes. Mais, depuis de longs siècles, les funérailles étaient terminées; seules, à tous les étés, les fleurs renouvelaient autour d'elle leurs parfums, ces bouffées d'encens. La nuit apparut, les murs et les collines, que l'art grec a sacré, s'évanouirent dans l'ombre. Quelques minutes après, je Le distinguai, plus que pareils à une tache très confuse et glacée, le blanc marbre de la couche funèbre, vide, abandonnée. La vision, la déesse au corps souple et rosé, au dernier baiser du soleil, inconsolable, inconsolée, était morte, avait disparu !

III

Qui eût pu soupçonner dans la Cochinchine, au Cambodge, un art d'autrefois qui surpasse incontestablement tous ceux de l'Orient, un art au plus haut degré original, savant, harmonieux, un art exécuté avec une intelligence, avec un soin remarquables?

La destruction des monuments de l'ancien Cambodge s'accomplit avec une rapidité déplorable. Heureusement, depuis Mouhot, le premier explorateur, plusieurs expéditions se sont succédé sur ces ruines. Grâce à M. Louis Delaporte, l'associé des Lagrée, des Francis Garnier, nous pouvons montrer au Trocadéro, à la suite de l'Exposition rétrospective, une collection, non seulement des moulages des principales pièces de sculpture et d'architecture du génie cambodgien, mais aussi nombre de pièces originales, et la porte principale d'Angkor-Wat au dixième, que nous avons sculptée sous sa direction et d'après ses dessins. La salle des missions présente aussi nombre de dessins des plus complets de M. Delaporte, de temples perdus dans les forêts du Cambodge.

La restitution de la partie centrale du temple d'Angkor-Wat, grandeur naturelle, couronne ce riche ensemble de documents.

Le plan d'un monument cambodgien est aussi raisonné, voulu, proportionné, que celui des pagodes de l'Inde est capricieux, sans règle, d'une fantaisie bizarre. Resserrée entre l'Inde et la Chine, la civilisation Khmer s'est fortement imprégnée des qualités artistiques propres à ces deux grandes nations, mais elle n'est pas arrivée à une assimilation complète. Avec un goût assez particulier, elle a combiné ces éléments très différents; leur a donné, surtout dans l'architecture, des proportions raisonnées, une ordonnance grandiose sans exagération, une silhouette calculée; en un mot elle est arrivée à un point de perfection qu'aucun de ces deux pays n'a atteint. Il semble même qu'on pourrait entrevoir, dans l'ordre des colonnes et le plan des édifices, l'influence de l'art grec, influence qui s'est probablement transmise par l'intermédiaire des rois et de la civilisation grecque de la Bactriane. Quelques détails d'ornementation rappellent la décadence romaine, quoique les principaux motifs aient une similitude avec ceux de l'Inde centrale. Enfin, et cela probablement à cause de l'éloignement du temps et des lieux,

nous trouvons dans l'art Khmer peu de rapports appré-
ciables avec la Perse et l'Égypte.

Ainsi rien au Cambodge n'a cette allure chimérique,
ne donne cette hallucination, produite dans l'Inde par
la profusion irréfléchie des sculptures, sans repos, sans
lignes solides, sans points d'appui visibles ; de ces
formes multiples, figures de monstres d'hommes ou de
dieux, qui semblent se heurter et combattre dans une
étrange bataille. Tous ces clochetons, toutes ces arcades,
ces coupoles, ces statues, dans leur effervescence écra-
sante, semblent vouloir amener, sous leur amoncellement, la ruine de ce temple hybride, aux allures
changeantes, temple entrevu par l'architecte indou
dans les visions insensées et dans les rêves exta-
tiques d'une religion exubérante et toute de prodiges.
La terre et ses productions ne lui suffisent pas, c'est à
peine si le ciel et tous les globes peuvent former
quelques degrés du paradis d'Indra ; son imagination
ne connaît pas de bornes, ses monuments dépassent
toutes les limites, son ciseau n'accuse jamais la fatigue,
son ambition cherche toujours l'au-delà.

Ce sont ces idées, toutes particulières à l'Orient, que
la secte persane des *toufis*, dans une extase insensée a
poussées à leur dernier degré. Ceux-ci nous ont montré
l'imagination humaine se sentant encore étouffée, op-
pressée par les manifestations religieuses, les formes
littéraires et artistiques les plus audacieuses, les plus
effrénées, et les repoussant toutes ; ils cherchent, dans
l'ivresse du vin et des parfums, à planer au-dessus de
toutes les théories, de toutes les expressions, de toutes
les existences, pour s'abîmer dans l'infini.

Après l'effarement produit par de telles idées, lorsque
notre esprit, délivré des entraves matérielles, est monté
à de telles hauteurs sur les débris de millions de divinités et qu'il daigne redescendre sur la terre, parfois
il arrive d'être surpris, choqué de la sphère étroite où
se meut l'art occidental ; on sourit du poète grec, pour
qui deux collines bordent le monde, dont le ciel n'est
qu'une vallée surélevée, dont les dieux ne sont que
des hommes sujets aux plus petites passions, aux plus
petites préoccupations. On sourit même de l'artiste

grec, sensible il est vrai au charme délicat des lignes,
à l'ampleur des formes, à l'harmonieuse finesse des
silhouettes, à la règle, à la proportion, mais inventant
peu, ne se laissant jamais aller à son imagination, ne
commettant aucun écart, ne voulant connaître et
percevoir que ce que connaissent et perçoivent l'œil
et la raison. Son influence dans l'art, c'est celle que le
Nord a exercée sur le Midi ; la Réforme sur le catho-
licisme ; l'influence du scepticisme et du sensualisme
étroit, sur le spiritualisme insensé auquel l'Inde et
l'Orient ont toujours appartenu.

L'ornement Khmer a la richesse de la végétation
inouïe de ces contrées. Ici le gardenia et les daphnés
en fleur donnent naissance à une déesse qui présente
le lotus bleu, dont la forme est le principe général suivi
par l'ornementation Khmer ; d'autres divinités, char-
gées de joyaux, dansent au milieu d'un nimbe ; les
monstres courent, au milieu des tiges flexibles des
jeunes bambous, pour se dérober à la poursuite d'un
héros ; plus loin un brahmine est en extase ; les singes
se suspendent aux corniches ; tour à tour les nains, les
enfants et les oiseaux, les éléphants et la panthère,
etc., apparaissent au milieu des acacias, de tulipes, des
canneliers, et forment sur toutes les moulures une
broderie d'une vie sans égale.

L'artiste cambodgien possédait une pierre d'un
grain tendre et fin, une habileté d'outils, une dextérité
de main incomparables ; il excellait dans ce détail si
délicat et si plein de charme qui rappelle notre Renais-
sance. Au milieu de la porte d'Angkor s'épanouit le
sourire de Brahma, son grand masque bienveillant est
entouré de jeunes filles qui jettent des fleurs. L'art
qu'il a enfanté est lui-même une immense floraison,
une luxuriante verdure ; il paraît et disparaît avec le
peuple Khmer, ainsi qu'une suite de bouquets et de
gerbes d'artifices se répandent dans les airs et s'éva-
nouissent comme dans un enchantement. L'art du
moyen âge s'était révélé de même instantanément ;
seulement, né dans les larmes et l'angoisse, son rayon-
nement fut sombre d'éclat, comme ses vitraux. L'art
Khmer ressuscite aujourd'hui, mais avec le charme

de tous les arts d'Orient, en rappelant et en présentant tout ce qui est magique, les fleurs, la jeunesse, l'imagination, la grâce naïve, la richesse et le sourire !

IV

Il ne nous reste plus qu'une place mesurée pour féliciter M. Ballu, architecte du palais algérien, et M. Saladin, architecte du palais tunisien, des charmants spécimens qu'il nous ont donné de ces branches de l'art arabe, des ingénieuses dispositions qu'ils ont adoptées, du goût parfait qu'ils ont déployé dans l'accomplissement de leur tâche.

Ces artistes ont parfaitement compris que dans l'art arabe la nature doit collaborer avec l'homme. Là, un édifice est éclairé par l'azur du ciel, égayé par le bruit de l'eau tombant dans les bassins, entouré des citronniers, des orangers, des palmiers et des fleurs ; château-fort à l'extérieur, harem à l'intérieur. L'art arabe est empreint d'une finesse sensuelle et, pour se satisfaire, il a besoin de combiner les éléments les plus variés et d'enfermer sous les dômes et les colonnades, dans les claires et fraîches demeures, dans les svelte galeries et les délicieuses retraites, les mosaïques et les émaux, l'or et les pierreries.

Rien ne nous empêche de nous croire en Orient dans les palais de l'Esplanade.

Les salles sont ravissantes de grâce et de légèreté ; des colonnettes largement espacées, soutiennent des toitures peintes ou dorées, formant une suite de petites coupoles. Celles-ci sont bordées de fines arabesques dentelées et ajourées, dans lesquelles courent des inscriptions en caractères arabes.

Quel charme de se promener sous les longs portiques, dans ces grandes salles ouvertes de toutes parts, aux toitures élevées comme d'immenses velums, où l'air circule en toute liberté. Leur ombre lumineuse se couche au milieu des jardins ensoleillés, entourés d'élégantes fontaines, d'où s'échappent des colliers d'émeraudes et de perles, troublant la profondeur de l'atmosphère bleue qui se reflète dans leurs bassins, autre ciel placé et encadré par l'art dans l'harmonieuse verdure d'un magnifique paysage.

Et sous les portiques s'accumulent les armes, les tapis, les orfèvreries ; dans tous ces ouvrages se peut reconnaître la main de nos artisans, descendants des artistes auxquels l'Espagne musulmane a dû ses plus belles industries ; les laines de Tolède, les soies de Grenade, les cuirs de Cordoue, les draps de Cuença, les majoliques hispano-arabes, les incrustations de Murcie, etc., etc.

Si nous disposions de plus d'espace, il serait instructif de comparer l'art de ces palais avec celui des temples indo-chinois. L'artiste indo-chinois excelle à multiplier les rochers, les maisons, les animaux et les individus, le tout se superposant, grouillant avec la variété inouïe, le mouvement insensé, la bonhomie enfantine et burlesque qui caractérise les villes de la presqu'île. Le Chinois et le Japonais reproduisent le paysage entier comme principe de décoration ; la plante, la fleur et l'oiseau suffisent à l'artiste persan ; derrière lui l'Arabe n'imitera que la feuille et l'enlacement des tiges. Ainsi le premier cherche à rendre l'ensemble et le mouvement des objets, le deuxième leurs formes, le troisième leur arrangement. En somme, l'art japonais est simple et vrai, l'art persan oppose la grandeur de certaines masses à la finesse de certaines lignes, l'art arabe obtient par une répétition habile des mêmes motifs une grande richesse et des effets imprévus.

Les anciens émailleurs arabes ne semblent pas avoir cherché à obtenir une grande diversité de couleurs ils se servent rarement du rouge et de toutes les demi-teintes de la riche palette moderne, qui donne souvent à une plaque émaillée la finesse et la variété de tons d'un tableau ; ils n'en ont su que mieux obtenir le grand caractère, ne cherchant pas à atteindre l'exacte vérité. Ils sont restés généralement dans la sévère monochromie du bleu, du noir et du blanc, du vert émeraude et du vert jaunâtre ; de là, chez eux, l'unité, la

largeur et la simplicité qui créent seules les belles
choses.

L'Exposition des colonies montre aussi l'influence
importante de la religion sur l'art de tous les peuples.
A chaque pas que font les civilisations asiatiques
de l'Orient vers l'Occident, jusqu'en Europe et en
Afrique, les religions qui se succèdent et leurs systèmes philosophiques tendent de plus en plus vers un
monothéisme étroit et jaloux, dont le principe et le but
semblent être d'amoindrir, de diminuer le champ où les
arts plastiques peuvent travailler et récolter. Au
début, le Babylonien et l'Assyrien admettent, avec
les rites chaldéens, la représentation des divinités, des
rois et de toute la création, reproduite par l'émail ou
la sculpture, sur les murailles des monuments. Avec la
Perse, disciple de Zoroastre, seuls l'homme et les animaux sont encore acceptés ; mais après l'invasion musulmane, les artistes des dynasties persanes schiites
ne représentent l'homme qu'exceptionnellement ; les
animaux et les fleurs restent seuls à la disposition des
artistes. Avançons vers l'Occident. La Judée n'admet
plus que la symbolique des plantes, de même que les
Arabes de la secte sunnite en Egypte ; enfin les Maures,
en Espagne, par une idée religieuse encore plus sub-
tile, n'acceptent dans l'art que des représentations
géométriques, où la plante elle-même n'est plus que
rarement figurée.

Ainsi, à chaque période, la réaction religieuse iconoclaste s'accentue, et, si on part de l'Inde aux onze
millions de dieux, si on traverse la Chaldée, la Mé-
die, la Judée, l'Egypte, l'Algérie et l'Espagne musulmane, on rencontre des lois religieuses de plus en
plus restrictives, qui éliminent peu à peu les éléments
caractéristiques du style propre à chaque contrée de
l'Orient.

Le musulman iconoclaste avait fermé le domaine
du sentiment et de l'expression aux artistes, ceux-ci
prirent une revanche éclatante par la fantaisie et la
couleur.

En Orient, les sujets à traiter devenant de plus en
plus rares, la forme exclusivement obtenue par le des-

sin devenait de plus en plus difficile, étant moins étudiée ; la sculpture étant proscrite, la forme déterminée par la couleur ou la tache était l'unique et dernière ressource. De là à cet égard la supériorité séculaire de l'Orient sur l'Occident dans les arts décoratifs, la tapisserie, la joaillerie et les émaux.

Émile SOLDI.

FIN.

TABLE DES MATIÈRES

———

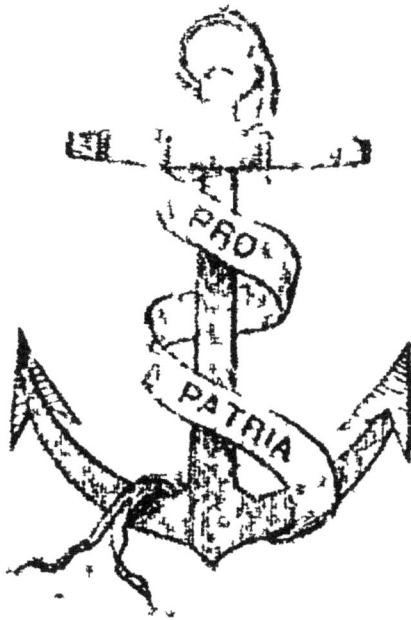

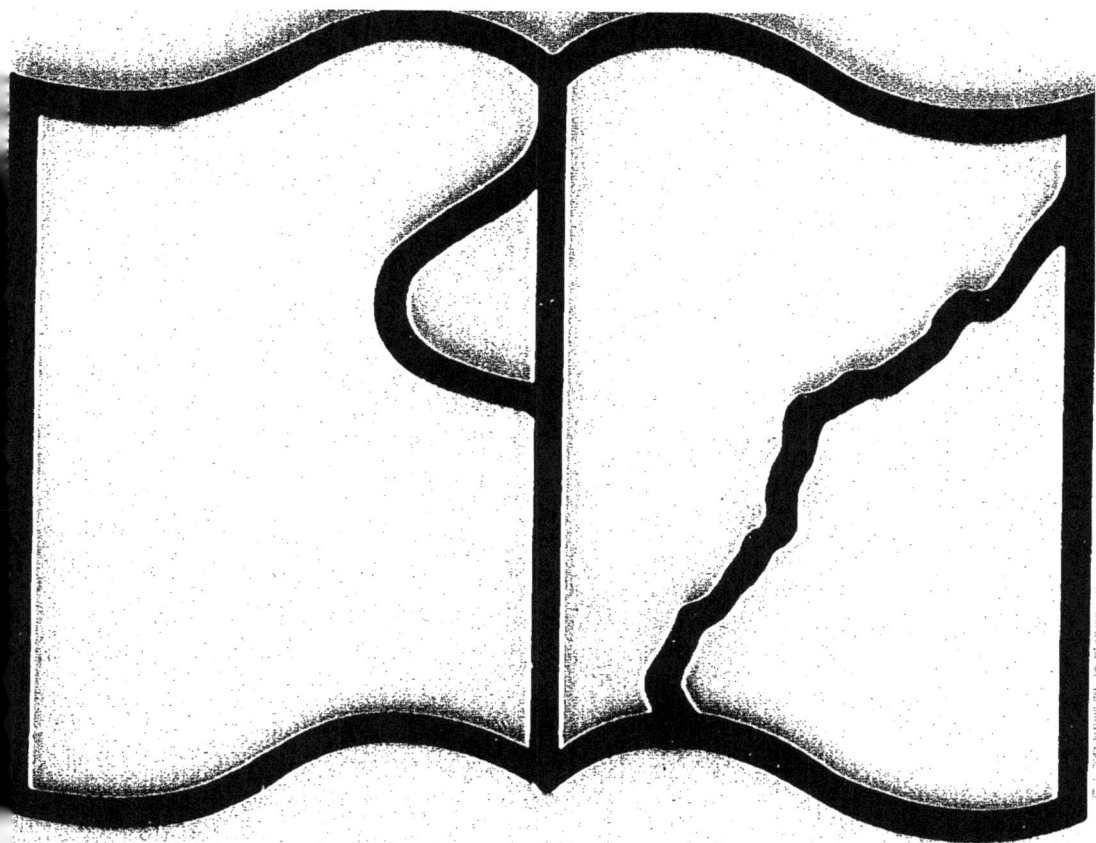

Texte détérioré — reliure défectueuse

NF Z 43-120-11

www.ingramcontent.com/pod-product-compliance
Lightning Source LLC
Chambersburg PA
CBHW070558100426

42744CB00006B/328

* 9 7 8 2 0 1 2 6 4 2 9 8 0 *